MÄRCHEN DER WELT

MÄRCHEN DER BUSCHMÄNNER

Nacherzählt von
Gisela von Radowitz

Illustrationen von
Helme Heine

VERLAG WERNER DAUSIEN · HANAU

MÄRCHEN DER BUSCHMÄNNER

Nacherzählt von Gisela von Radowitz
Illustrationen von Helme Heine

ISBN 3-7684-5313-8

Inhalt

Sonne und Mond

Früher war die Sonne ein Mensch. Sie war ein Mann, ein Buschmann. Seine Achselhöhle war das Licht, und wenn er seinen Arm hob, wurde es hell und warm auf der Erde. Nahm er ihn herunter, wurde es Nacht und kalt.

So geschah es viele, viele Jahre. Jeden Morgen nahm der Mann seine Arme hoch, und wenn er abends müde wurde, ließ er sie herabhängen.

Nach langer Zeit wurde der Mann alt und schwach. Er schlief fast ohne

Unterbrechung. Immer seltener konnte er seine Arme erheben, und immer häufiger blieb es dunkel auf der Erde. Die Menschen wurden unruhig und riefen: „Wir müssen den Mann in den Himmel werfen, damit er ganz und gar Sonne wird, damit er uns Licht bringt und uns wärmt."

Sie überredeten die Kinder, den alten Sonnenmann mit erhobenen Armen zu fangen, während es warm und hell war. „Ergreift ihn, werft ihn in die Luft und beschwört ihn, dort zu bleiben, für immer und ewig."

So geschah es. Während er durch die Wolken flog, formte er sich zu einer feurigen Kugel, zur Sonne. Das Dunkel verschwand, der alte Mann blieb am Himmel stehen, beleuchtete die Menschen und gab ihnen Wärme. Nie dachte er daran wieder Mensch zu werden.

Die Buschmänner freuten sich, denn nun konnten sie sehen. Sie sahen andere Leute, sie sahen Bäume und Büsche, sie sahen das Wild, das sie jagen wollten, sie sahen das Fleisch, das sie aßen. Sie gingen auf den Pfaden, die sie sehen konnten, und sie redeten miteinander, während sie sich gegenseitig ins Gesicht blicken konnten. Sie waren glücklich.

Aber es gab noch etwas, das früher ebenfalls ein Buschmann gewesen war. Das war der Mond. Aber der Mond war nicht gut. Obwohl die Menschen zu ihm beteten, schauten sie ihn nicht an, denn er war kalt, und sie hatten Angst vor ihm. Auch die Sonne ärgerte sich über ihn. Wenn er nachts am Himmel erschien, verfolgte sie ihn, um ihn zu vertreiben, doch er wich nicht.

Aber sie war größer und mächtiger als er, und so beschnitt sie ihn mit dem Sonnenmesser. Mit jedem Tag wurde er schmaler und nahm ab.

Ihm wurde sehr ängstlich zumute. „Töte mich nicht, Sonne!", bettelte er, „laß mir wenigstens mein Rückgrat, damit die Menschen mich noch sehen können!" Sie hatte Mitleid und erfüllte seinen Wunsch: Ein so schmales Stück Mond würde keinen Schaden anrichten können!

Der Mond erlitt große Schmerzen. Er schämte sich, daß er so schwach war und verzog sich in die Einöde, um Kraft zu schöpfen und wieder groß und stark zu werden. Er wurde ein neuer Mond. Er lebte wieder, obwohl er gedacht hatte, sterben zu müssen.

Als er wieder so rund war wie vorher, kehrte er zum Himmel zurück und wandelte wieder durch die Nacht.

Selbst die Sonne bewunderte ihn und gab sich zufrieden, als sie sah, daß sie ihn nicht besiegt hatte. Von nun an einigten sie sich: war die Sonne am Himmel, so mußte er weichen, es wurde hell und warm. Kam jedoch der Mond, so mußte sie untergehen und verschwinden. Und dabei blieb es.

Sie kamen und gingen, die Sonne und der Mond, und beide waren zufrieden.

Die stinkende Hyäne

Als die Buschmänner noch keine Jäger waren, bestand ihre Nahrung aus Wurzeln und Kräutern. Es gab kein Wild im Busch, keine Fische im Wasser, keine Vögel in der Luft.

Da kam dem Schöpfer eines Tages ein Gedanke. „Ich werde Menschen in Tiere verwandeln", entschied er und rief einige Buschmänner zu sich. Aus den Fleißigen schuf er Böckchen, die munter umhersprangen, aus den

Faulen machte er Schlangen, die er am Boden kriechen ließ, manchen gab er Hufe, anderen eine Mähne, einen Schwanz, Federn oder Flossen. So entstanden Zebras und Warzenschweine, Fische und Geier, Löwen und Skorpione und viele andere mehr.

Den Buschmännern, die als solche übriggeblieben waren, gab er die Erlaubnis, die neuen Geschöpfe zu jagen. Doch die Tiere wußten zu dieser Zeit noch nicht, daß der Mensch ihr größter Feind werden sollte.

Eines Tages — es war noch lage vor der Regenzeit — erwachte plötzlich in einem jungen Buschmann die Jagdleidenschaft. „Wenn ich es geschickt anstelle, so wird mich niemand bemerken", dachte er und erlegte heimlich das erste Springböckchen. Friedlich hatte es auf einer Wiese gegrast, ohne Argwohn. Es hatte nicht ahnen können, daß ein Mensch ihm nach seinem Leben trachten würde.

Der Buschmann hob die Beute auf seinen Rücken, um sie seiner Frau zu bringen. Auf dem Weg traf er viele andere Buschmänner. „Wohin wollt ihr?" fragte er. „Zum Schöpfer", antworteten sie. „Er hat uns zu sich gerufen. Er wird Tiere aus uns machen. Wir sind froh, das mühevolle Menschenleben loszuwerden." Er dachte darüber nach, und als er zu Hause ankam, hatte er sich entschieden, auch ein Tier zu werden. Aber seine Frau lachte ihn aus. „Du häßliches Geschöpf? Du? Was sollte aus dir schon werden?" verspottete sie ihn.

Der Buschmann hörte nicht auf sie. „Nun erst recht!" dachte er. „Ich werde den Schöpfer zwingen. Ich werde ihm den Springbock als Geschenk mitbringen, dann muß er mich in das schönste aller Tiere verwandeln."

Die Wanderung war mühsam und lang. Als er endlich schwitzend und stöhnend mit seiner Last am Ziel ankam, mußte er sich in eine lange Reihe wartender Buschmänner einfügen. Einer nach dem anderen wurde in die Hütte des Schöpfers gerufen und kam kurze Zeit später als Tier verwandelt wieder heraus.

Der junge Buschmann, der selbst so häßlich war, hatte an allen etwas auszusetzen. Das erste Tier war ihm zu dick, das zweite zu knochig, andere zu langsam oder zu schnell, zu bunt oder zu fade, zu wild oder zu unscheinbar. Nichts war ihm gut genug. „Ich werde das schönste aller Tiere werden", prahlte er laut, „denn ich habe ein Geschenk mitgebracht".

Doch wie groß war sein Schrecken, als die Reihe endlich an ihn kam. Der Schöpfer grollte: „Ich habe dich nicht zu mir gerufen. Du warst ungehorsam und fleischgierig. Du hast meine Jagdgesetze verletzt! Und nun willst du das schönste aller Tiere werden?"

Er befahl dem Buschmann, sich flach auf die Erde zu legen, das Gesicht in den Sand und bedeckte den Hals des Mannes mit trockenem Gras, dann ergriff er eine glühende Eisenstange und hieb mit aller Macht auf sein Hinterteil. „Da hast du, was du wolltest!" rief er. „Von nun an wirst du nur noch von Aas leben, vom Abfall und von dem, was sonst niemand will. Von nun an bist du eine Hyäne!"

Schreiend und angsterfüllt floh die Hyäne aus der Hütte. Alle Buschmänner liefen entsetzt weg, alle Tiere wichen ihr aus. Sie fand keine Freunde mehr; keine Tiere und keine Menschen. Das trockene Gras wurde ihr zu einer struppigen Mähne, ihr Rücken verkümmerte durch den gewaltigen Hieb der Stange, und ringsum verbreitete sie Gestank vom glühenden Eisen, das sie verbrannt hatte. Und bis zum heutigen Tag läuft die Hyäne ziellos durch den Busch. Lacht sie oder weint sie?

Das Tier

Vor langer, langer Zeit, als die Buschmänner sich noch in Tiere verwandeln lassen konnten, trat eines Tages ein Jäger vor den Schöpfer und bat: „Bitte, verwandle mich in ein Tier, das sich wehren kann. Ich war mein ganzes Leben lang der beste Schütze meiner Sippe. Ich möchte nie mehr ohne Pfeil und Bogen sein!"

Da schuf der Schöpfer ein neues Tier, das es zuvor nicht gegeben hatte.

Glücklich lief es aus seiner Hütte und traf bald darauf auf einen Buschmann und seinen Hund. „Wie siehst du denn aus?“ verhöhnte er es. „Wie unbeholfen du umherläufst! Noch nicht einmal Hände hast du! Was bist du denn für ein Tier? Wozu bist du nütze?“

Voller Stolz erwiderte es: „Ich sehe vielleicht so aus, als wenn ich nichts tauge. Aber ich bin stark!“ Da lachte der Buschmann. „Das mußt du erst beweisen. Mein Hund könnte dir zeigen, was für ein Schwächling du bist.“

„Einverstanden“, entschied das Tier, „laß uns kämpfen! Sieger ist, wer den anderen vertreibt.“ Sie stellten sich einander gegenüber und fletschten die Zähne.

„Los!“ Der Hund rannte auf seinen Gegner zu. „Faß es!“ rief der Buschmann. Da schnellten tausend spitze Stacheln hoch und rasselten. Der Hund wich erschrocken zurück. „Beiß es!“ befahl der Buschmann. Da drehte sich das Tier blitzschnell um und richtete drohend seine Stacheln auf den Angreifer. „Töte es!“ schrie der Buschmann. Da schoß das Tier scharfe Pfeile in seine Schnauze. Der Hund jaulte vor Schmerzen laut auf und verkroch sich schutzsuchend hinter seinem Herrn.

Der Buschmann ärgerte sich. Kleinlaut ging er fort und warnte alle Lebewesen vor dem Tier mit den verborgenen und gefährlichen Waffen. Von nun an ließen sie es in Ruhe, wagten nie wieder, es auszulachen und nannten es Stachelschwein.

Der Vielfraß

„Sohn“, sagte der Buschmann, „geh und hole einige der fetten Schafe, die wir geschlachtet haben, Zerlege sie und brate sie. Ich habe Hunger!“

Der Sohn ging. „Und du“, wandte sich der Mann an das Stachelschwein, das ehemals ein Mensch gewesen war, „wirst eine Keule zu dem alten Mann bringen, zu dem, der Büsche ißt und Gras und Fleisch, dem Allesverschlinger, dem Vielfraß. Bring ihn her, damit er uns hilft, die Schafe zu essen, denn wir haben genug."

Das Stachelschwein erschrak. Nur zu gut wußte es, von wem die Rede war, denn der Vielfraß war sein Vater gewesen. „Nie! Niemals sollten wir ihn einladen! Seine Zunge ist wie Feuer, und er wird uns alle verbrennen. Gibst du ihm Suppe, so wird er sie mitsamt dem Topf verschlingen, und gibst du ihm ein Schaf, so wird er alle Schafe fressen wollen. Am Ende wird er uns verschlingen."

Aber alles Reden half nicht. Am nächsten Morgen mußte das Stachelschwein mit einen großen Stück Fleisch seinen Vater, den Vielfraß, zum Essen einladen. Gierig machte sich der über das Geschenk her und schluckte es mitsamt dem Korb hinunter. Danach fraß er das Gras, auf dem der Korb gestanden hatte.

Sein Sohn, das Stachelschwein, war schon auf dem Rückweg, und so folgte er ihm, so schnell sein dicker Bauch es ihm erlaubte. Wohin sie kamen, verdunkelte sich der Himmel, denn der massige Leib verdeckte die Sonne. Kein Luftzug war zu spüren. Der gewaltige Bauch hielt sogar den Wind ab.

Mit jedem Schritt rodete und verschlang der Vielfraß alles, was ihm im Wege stand. In der Hütte des Buschmanns erhielt er Suppe, die er gierig in sich hineinschlürfte. Der Buschmann hielt ihm ein Stück Fleisch hin. Da fuhr die Feuerzunge des Monstrums über seine Hand, so daß er fast die Sinne verlor. Die anderen Buschmänner mahnten ihn: „Du wollest ihn einladen, obwohl das Stachelschwein dich gewarnt hat. Jetzt mußt du auch seinen Hunger stillen!"

So gab er ihm weiter zu fressen. Und das Ungetüm leckte sein Ohr. Er taumelte in seine Hütte. Als nichts mehr zu fressen da war, verschlang der Vielfraß alles übrige, alles Hab und Gut. „Wann gebt ihr mir zu fressen?" fragte er dann. „Etwas Richtiges zu fressen?" Die Buschmänner waren böse, aber sie waren auch schwach und ängstlich. Sie konnten ihm nichts mehr bieten. Da ergriff der Allesverschlinger den Mann, der ihn eingeladen hatte und würgte ihn bei lebendigem Leibe herunter.

Jetzt rannte jeder um sein Leben. Nur die Kinder hatten keine Angst. Sie hockten sich zusammen und dachten sich eine List aus. Heimlich legten sie einen Speer ins Feuer und stießen sich das glühende Eisen in Mund und

Nase, um sich abzuhärten. Mutig und zornig gingen sie ihm dann entgegen. Sie umringten ihn und griffen ihn an, und sie durchbohrten seine Kehle mit ihrem Speer.

Die Kinder schlitzten seinen Bauch auf und holten alle Menschen, alle Schafe, alle Büsche, holten alles unversehrt wieder hervor.

Die Leute waren froh. Sie zogen weit weg und kehrten nie wieder zu ihren Hütten zurück, vor denen die Kinder den Vielfraß, den Allesverschlinger, getötet hatten.

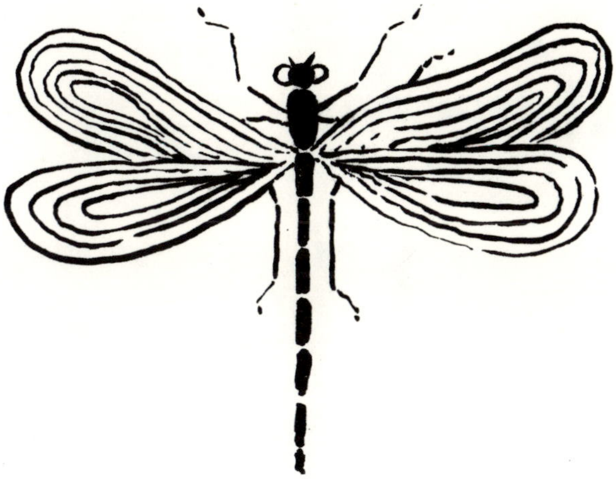

Die Wasserkinder

Jeden Morgen zogen die Buschmannfrauen aus, Wurzeln, Kräuter und Ameiseneier zu sammeln. Ihre Kinder begleiteten sie. Nur ein Mädchen weigerte sich. Es blieb in seiner Hütte, rührte sich kaum und wollte nichts essen. Doch obwohl es keine Nahrung zu sich zu nehmen schien, wurde es nicht dünn und schwach. So kam der Verdacht auf, daß es fremde, geheimnisvolle Dinge essen würde, und man beschloß, das Rätsel zu lösen.

Die jüngere Schwester, die noch ein Kind war, mußte sich verstecken und das heimliche Treiben beobachten, als Frauen und Kinder das nächste Mal Ameiseneier sammelten.

Das kranke Mädchen erhob sich nichtsahnend von seinem Lager, und von seiner Schwäche war plötzlich nichts mehr zu sehen. Es lief aus der Hütte hinunter an das Wasserloch.

Dort spielten im Schein der warmen Sonnenstrahlen die Wasserkinder. Sie waren schön. Sie waren fröhlich. Sie ähnelten den Menschen. Aber sie hatten weiches, gutes Fleisch, wie ein junges Zebra. Das Mädchen schlich sich heran, es wollte nicht frühzeitig entdeckt werden. Mit einem Satz stürzte es sich auf eins der Wasserkinder, ergriff es, schleifte es mit sich und tötete es. Es kochte sein Fleisch und aß es. Nachdem es alles aufgegessen hatte, legte es sich hin und tat wie vorher, als sei es krank.

Die jüngste Tochter hatte alles mit angesehen. In großer Angst lief sie, die Mutter zu suchen. Doch kaum hatte sie die Hütte verlassen, als ein tobender Wirbelwind kam. Er drang in die Hütte ein, entführte das kranke Mädchen und trug es zum Wasserloch und übergab es dem Wasser, dem es die Kinder geraubt hatte. Es wurde in einen Frosch verwandelt, der hilflos quakend hin- und herhüpfte, bis der große Wasservogel kam und ihn auffraß. Ihn, den Frosch, der früher ein Mädchen gewesen war, das die Wasserkinder geraubt hatte.

Die Mutter, die den Wirbelwind von weitem beobachtet hatte, weinte laut. „Das ist die Rache!" rief sie, und zitternd vor Angst flüchtete sie mit ihrer jüngsten Tochter in den Busch. Sie wurden nie wieder gesehen.

Der selbstsüchtige Löwe

Vor vielen, vielen Jahren dachte der Löwe noch nicht daran, seine Beute mit anderen Tieren zu teilen. Er jagte und tötete sein Opfer und fraß die Eingeweide, die seine Lieblingsspeise waren. Dann legte er sich in den Schatten eines Kameldornbaumes und schlief mit vollem Bauch ein.

Eines Tages kam eine Hyäne, rüttelte ihn wach und bat: „Gib mir auch etwas ab. Du hast genug gehabt und bist satt. Ich habe seit Tagen nichts gegessen und bin hungrig!" „Das wäre ja noch schöner", knurrte der Löwe, „ich soll das Fleisch beschaffen, und du willst es auffressen! Scher dich weg!"

Die Hyäne ärgerte sich. Sie sah nicht ein, warum der dicke, fette, faule, gefräßige Löwe der armen, mageren, hungrigen Hyäne nicht ein Stück abgeben wollte. Er litt doch keine Not.

So ersann sie eine List. Sie ging nach Hause und kochte eine Suppe. Dann kehrte sie zum Löwen zurück, und mit ihrer süßesten Stimme lockte sie: „Komm, lieber Löwe, ich erlaube mir, dich zu einer leckeren Straußensuppe einzuladen." Er folgte ihr ohne zu ahnen, daß sie ihn betrügen wollte. „Öffne dein Maul, damit ich dir die Suppe einflößen kann, wie ich es bei meinen Kindern tue", schmeichelte sie. Sie goß ihm die kochende Brühe in den Rachen und stülpte den heißen Topf über seinen Kopf. Dann nahm sie einen Stock und verprügelte ihn.

„Das hast du davon, daß du so selbstsüchtig warst und mir nichts von deinem Fleisch abgeben wolltest", keckerte sie. Vor Schmerz brüllte der Löwe laut, und er floh aus der Hütte. Er war viele Tage krank und elend und versteckte sich gedemütigt und kleinlaut im Busch.

Während er sich mühsam und langsam erholte, dachte er über das Geschehene nach, und aus dem egoistischen und dummen Löwen wurde ein großzügiger und kluger Löwe. Von nun ab genügte ihm das weiche Fleisch seiner Beute, das seine Lieblingsspeise blieb. Er ließ immer genug übrig, damit auch Hyäne, Schakal und Geier satt werden konnten.

Das Lied des Zauberregens

Als es dunkel wurde, nahm der Junge sein Instrument und spielte das Lied, das er heimlich dem klugen, alten Magier abgelauscht hatte. Er vergaß alles um sich herum und schien nicht einmal zu bemerken, daß Wolken näherkamen, und es zu regnen begann.

Nur seine Mutter wurde aufmerksam und warnte ihn: „Du spielst das Lied des Zauberers, der auch den Regen macht. Es ist das gleiche Lied, das

auch die Gottesanbeterin spielt. Du darfst es nicht spielen! "Aber der Junge kümmerte sich nicht um sie und strich weiter sein Instrument.

„Weißt du denn nicht, daß der Regen böse wird?" sagte die Mutter noch einmal, „daß er Donner und Blitz zu uns schicken kann?"

Der Regen hatte alles mit angehört. Er grollte. Er sann auf Rache und ließ sich bald schwer in die Gesichter der Menschen fallen. Sie wurden von ihm durchdrungen, schnappten verzweifelt nach Luft und schrien um Hilfe. Bald konnten sie nichts mehr erkennen. Ein grüner Punkt breitete sich in ihren Augen aus, wurde immer größer und schien bald ihren ganzen Körper auszufüllen. Der Regen fiel mit aller Macht über sie her und durchnäßte sie, schreckte sie mit Blitz und Donner und schüttelte sie. Die ganze Erde schien zu zittern, aber es waren nur die Menschen, die erzitterten.

Die Frau schrie. Sie hatte Angst. „Hast du dir wehgetan?" fragte ihr Mann. „Der Sturm hat mich angefaßt", klagte sie, „er will mich vernichten, er reißt mir die Haut vom Leibe!" Ihr schmerzerfülltes Geschrei wurde vom Donner verschluckt. „Es ist allein unsere Schuld, daß uns dies geschehen mußte. Der Regen ist erzürnt. Unser Junge hat nicht gehorchen wollen, als ich ihn warnte. Er hätte das Lied des Regens nicht spielen dürfen!"

Es dauerte lange, bis es endlich ruhiger wurde, bis Donner und Blitz verschwanden und der Regen nur noch sanft auf die Erde herniederfiel.

Die Menschen erkannten, daß sie nur mit knapper Not der Strafe des allmächtigen Regens entgangen waren. Von nun an schworen sie sich, nie wieder das Lied des großen Zauberers zu spielen.

Das betrogene Warzenschwein

Als das Warzenschwein merkte, daß es nicht jedem Fremden trauen durfte, war es zu spät. Er verlor sein Ansehen und sein Aussehen, und das kam so:

In einer hellen Mondnacht war es spazierengegangen. Die Luft war lau, ein leiser Wind bewegte die Äste der Kameldornbäume, Grillen zirpten im Gebüsch, und die Fledermäuse jagten durch das Dunkel. Da sah es einen

Hasen, der ausgelassen im Feld tanzte. Er drehte sich im Kreis und hüpfte von einer Seite zur anderen. Es schien so mühelos, als sei er tanzend zur Welt gekommen.

„Was gäbe ich drum, wenn ich so tanzen könnte wie du", staunte das Warzenschwein. „Du bist der beste Tänzer, den ich je gesehen habe."

„Nichts einfacher als das", erwiderte der Hase, „was gibst du mir, wenn ich es dir zeige? Vielleicht dein Fell?"

Nachdenklich kratzte sich das Warzenschwein hinterm Ohr. „Schön", grunzte es zögernd, „doch was soll ich ohne mein Fell machen? Womit kann ich mich schützen, wenn ein Gewitter mit Regen und Wind kommt?" Und es dachte daran, wie nackt und kahl es aussehen würde. Jeder würde es auslachen! Es bat: „Ich will dir alles auf der Welt geben, nur laß mir mein Fell!"

Doch der Hase war schlau und heuchelte: „Du brauchst es mir nicht zu schenken. Leih es mir von Zeit zu Zeit, wenn ich tanze. Hinterher bekommst du es zurück." Damit erklärte sich das Warzenschwein einverstanden.

Von nun an tanzte der Hase vor, und das Warzenschwein versuchte, ihn nachzuahmen. Doch es war fett und plump, und es stöhnte bald: „Wie schwierig es ist! Und wie meine Knochen krachen! Ich mache dir einen Vorschlag: Du tanzt und ich schaue dir zu. So werde ich es auch lernen." Der Hase ärgerte sich. Aber er beklagte sich nicht, denn er war ein kluger Hase und ersann eine List. Er wartete, bis ein Gewitter aufzog.

Da forderte er: „Heute mußt du mir dein Fell geben, denn heute werde ich dir eine besonders schwierige Figur vortanzen." Dann legte er sich das Fell um die Schultern und begann, sich im Kreis zu drehen. Immer größer und weiter wurden seine Kreise, bis das Warzenschwein ihn kaum noch sehen konnte. Als sich eine dicke, schwarze Gewitterwolke vor den Mond schob, versteckte sich der Hase blitzschnell in einem Erdloch, das er vorher heimlich mit Grasbüscheln getarnt hatte.

Die ganze Nacht hörte er das Warzenschwein schnaufend und zähneklappernd nach ihm suchen. Und er lag so weich und so warm wie nie zuvor in seinem neuen Fell.

Der vollkommene Tod

Der Mond geht nicht für immer fort, wenn er stirbt. Er erhält sich sein Rückgrat. In der Einsamkeit sammelt er Kraft, nimmt langsam wieder zu, wird groß und stark und wächst rund, bis er neu zum Himmel zurückkehrt.

Wie dem Mond erging es früher auch den Buschmännern. Wenn sie starben, waren sie nicht vollkommen tot, sondern erwachten wieder zu neuem Leben. Doch durch die Schuld des Hasen, der es wagte, dem Mond zu widersprechen, war es mit ihrer Wiedergeburt fortan vorbei.

Der Hase war ein Menschenkind gewesen, ein Junge. Eines Tages schrie und weinte er, denn seine Mutter war fortgegangen. Er glaubte, daß sie gestorben sei. Der Mond beruhigte und tröstete ihn: „Deine Mutter ist nicht tot, denn sie wird eines Tages zur Erde zurückkehren." Doch der Junge glaubte ihm nicht. Er schluchzte: „Du lügst! Nie wieder wird sie zurückkehren, nie wieder wird sie leben! Ich weiß es."

Der Mond, der Macht über die Menschen besaß, ärgerte sich, daß ein Buschmannkind ihm zu widersprechen wagte. Vor Wut schlug er ihn, seine Faust traf sein Gesicht und spaltete seine Oberlippe. Mit lauter, böser Stimme entschied er: „Von nun an sollst du ein Hase sein, der zeitlebens diese Narbe auf der Lippe trägt. Ungeziefer soll Tag und Nacht um deinen Kopf herum sein und dich plagen. Du sollst niemals zur Ruhe kommen und immer in Angst leben. Hunde sollen dich jagen und in Stücke reißen, und wenn du tot bist, wirst du vollkommen tot sein und nie wieder lebendig werden."

So groß war seine Wut. Er grollte: „Und alle Menschen, die in Zukunft sterben, werden vollkommen tot sein, denn es war einer von ihnen, der mir zu widersprechen wagte."

So geschah es. Die Menschen erwachten nie wieder zu neuem Leben.

Das Auge

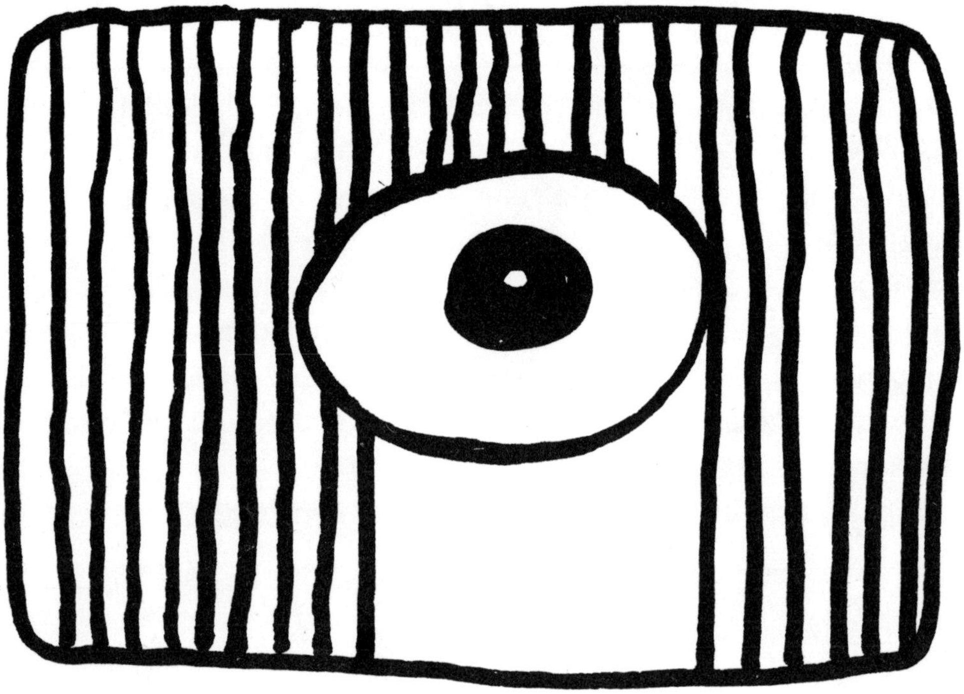

„Lauf und sammle Stöcke für mich", sagte der Buschmann zu seinem Sohn. „Ich will Pfeile aus ihnen schnitzen, um auf die Wesen zu schießen, die auf ihren Hacken sitzen."

Der Sohn lief zum Wasser und sammelte Stöcke. „Wofür brauchst du die spitzen Dinger?" fragte ein neugieriger Affe, der mit seiner Herde in den Kameldornbäumen saß.

„Mein Vater schnitzt spitze Pfeile daraus. Er will auf die Wesen schießen, die auf ihren Hacken sitzen“, erwiderte der Junge.

Hört, hört“, kreischten die Affen, „er will auf die Wesen schießen, die auf ihren Hacken sitzen!“ Sie machten sich lustig über den Jungen und lachten ihn aus. Bis der älteste und klügste der Affen kam. Sein Gesicht wurde sehr ernst und er warnte: „Seht ihr Dummköpfe denn nicht, was der Vater dieses Jungen vorhat? Seht ihr denn nicht, daß wir es sind, die auf unseren Hakken sitzen, und daß wir es sind, auf die der Vater dieses Jungen schießen will?“

Da brüllten die Affen noch lauter, sie schrien und tobten: „Schlagt den Jungen tot, schlagt ihn tot!“

Wild trommelten sie mit ihren Fäusten auf ihn ein, bis er tot war. Eins seiner Augen fiel aus seinem Kopf heraus und kullerte den Affen vor die Füße.

Der Buschmann saß zuhause und wartete auf die Rückkehr seines Sohnes, bis er darüber einschlief. Er träumte, sein Kind wäre von den Affen getötet worden.

Er erhob sich, ergriff Pfeil und Bogen und zog aus, die Affen zu suchen. Als er seinen Traum bestätigt sah, weinte er und verwünschte den Augenblick, in dem er den Jungen zum Stöckesammeln ausgeschickt hatte.

Er überlegte eine Weile, trocknete seine Tränen und ersann eine List. Fröhlich ging er auf die Tiere zu. „He“, rief er mit lauter Stimme, „laßt mich auch mitspielen. Noch nie im Leben habe ich einen so schönen Ball gesehen!“

Doch die Affen mißtrauten ihm. Sie warfen sich das Auge so geschickt zu, daß der Buschmann es nicht erwischen konnte. Da machte er einen großen Satz, sprang zwischen die wilde Herde und fing den Ball, der das Auge seines Sohnes war. „Haltet den Dieb!“ schrien die Affen, „es ist nicht sein Ball, er gehört uns!“ Sie stürzten sich auf den Buschmann, schlugen ihn mit Fäusten und drohten ihn zu besiegen, da sie in der Überzahl waren. Er floh. Er stürzte sich mitsamt dem Auge in den Fluß. Die Affen fürchteten sich vor dem Wasser und liefen enttäuscht zurück.

Als es Abend wurde, sprach der Buschmann: „Wachse, Auge meines Sohnes, werde wieder zu dem, was du einmal gewesen bist.“ Damit legte er es an einen sicheren Platz im Wasser und ging zu seiner Hütte.

Am nächsten Morgen sah er schon von weitem, wie es zappelte, denn dem Auge war wieder Fleisch angewachsen. Es war wieder ein ganzer Mensch geworden, es war wieder derselbe Junge, der losgezogen war, um Stöcke zu sammeln.

Überglücklich kehrten Vater und Sohn zu ihrer Sippe zurück. Die Buschmänner staunten: „Dort kommt der Junge, den die Affen getötet haben. Seht, er ist wieder lebendig geworden!" Sie feierten ein Freudenfest und tanzten und sangen die ganze Nacht hindurch.

Seitdem haben Buschmänner keine Angst mehr vor Affen, die ein für allemal überlistet und besiegt worden waren.

Mondtränen

Es war ein lauer Abend. Der Mond schien milde und silbern, kein Lüftchen bewegte die Grashalme auf dem Feld.

Ein kleiner Hase kroch aus seinem Bau heraus. Er schaute links, er schaute rechts. Er schnupperte. Es schien keine Gefahr in der Nähe zu sein. Da hörte er plötzlich einen Seufzer, und eine traurige Stimme flüsterte: „Ich wünschte, ich wäre ein Mensch."

„Ein Mensch?" fragte der kleine Hase erstaunt. „Ein Mensch?" Er konnte es nicht fassen, der Mensch war doch sein größter Feind! Wer konnte sich wünschen, ein Mensch zu werden? Und schon wieder hörte er den Seufzer: „Ich wünschte, ich wäre ein Mensch!" Plötzlich bemerkte der kleine Hase den Mond über sich, der da gesprochen hatte.

Er beruhigte ihn. „Aber Mond, bedenke doch, wieviel besser du es hast. Du brauchst nicht zu essen und nicht zu jagen. Was kümmern dich Trokkenzeiten oder Regen? Du hast keine Hütte nötig, und niemand ist dein Feind. Wie kannst du etwas anderes sein wollen als der Mond?"

„Ich beneide die Menschen", erwiderte der Mond, „sie werden zwar alt und sterben, aber sie werden stets wieder neu geboren."

„Da hast du unrecht, Mond", entgegnete der kleine Hase, „wenn sie sterben, werden sie in der Erde vergraben. Sie leben nur als Geist weiter, und Menschen und Tieren erscheinen sie als Gespenster!"

Der Mond ließ sich nicht beirren: „Und doch beneide ich sie. Sie werden geboren, sie werden groß, werden Jäger, heiraten und haben Kinder, die wachsen und Jäger werden, und wenn sie sterben, werden sie begraben. Aber trotzdem leben sie immer in ihren Kindern fort."

Während der Hase über die Worte des Mondes nachdachte, sprang ein Springbock vorüber. Aber bevor er sich ins schützende Gebüsch retten konnte, durchbohrte ihn ein Pfeil. Traurig schaute der Mond zu. Er hörte das Trommeln und Stampfen, die ausgelassenen Stimmen der Menschen. Der junge Jäger wurde gefeiert, der nun Hochzeit hielt mit seiner jungen Frau.

„Siehst du", sagte der Mond, „was ich meine? Diese zwei Menschen sind geboren worden. Jetzt sind sie erwachsen. Eines Tages werden sie sterben, aber dann werden ihre Kinder da sein, die wieder Jäger sind. Und in ihren Kindern werden sie weiterleben, und deren Kinder werden wieder in ihren Kindern weiterleben."

Und er dachte: „Auch ich sterbe und komme wieder, aber ich kann nur mich selbst erneuern. Nie werde ich in meinen Kindern weiterleben. Ach, ich wünschte, ich wäre ein Mensch!" Dabei rollte ihm eine Träne über die Wange und fiel auf die Erde, und am nächsten Morgen war das Feld mit Tau bedeckt.

Der Löwe im Baum

Alle Löwen lagen faul, satt und friedlich im Schatten eines Affenbrotbaumes. Sie waren stark und mächtig.

Doch ein einziger hielt sich für schöner, stolzer und kräftiger als die anderen. Eines Tages verließ er den Jagdgrund, um ihnen zu zeigen, daß er ein außergewöhnlicher Löwe war, der allein ohne die Hilfe der anderen jagen konnte.

Nicht weit entfernt entdeckte er im dichten Gebüsch einen Springbock. Kurz entschlossen nahm er seinen ganzen Mut zusammen, und mit einem Satz sprang er über eine breite Astgabel, dem erschreckten Tier auf den Rücken. Als er satt war, prahlte er: „Diesen Sprung wagte kein Löwe vor mir! Ich werde ihn noch einmal versuchen. Dann kann ich den anderen zeigen, was für ein Kerl ich bin. Die werden staunen!" So nahm er Anlauf und sprang, aber diesmal blieb er in der Astgabel hängen. Er hatte nicht an seinen vollen Bauch gedacht.

Verzweifelt bemühte er sich freizukommen. „Hilfe!" brüllte er kläglich. „Rettet mich!" Aber er war zu weit entfernt, niemand hörte ihn.

Am nächsen Morgen entdeckten die Buschmänner Aasgeier am Himmel. Sie folgten ihren Kreisen und fanden den Löwen eingeklemmt in der Astgabel. Sie hatte ihm die Lunge abgedrückt. Unter dem Baum lagen die Reste des toten Springbocks.

Ein junger Buschmann fiel über den Springbock her, riß sein Herz heraus und aß es auf. Doch die alten und weisen Buschmänner warnten: „Du handelst gegen die Jagdgesetze! Weißt du nicht, daß nur der Jäger allein das Herz seines Opfers essen darf? Die Löwen werden sich rächen!"

In der Nacht hörten die Buschmänner die Löwen brüllen und nur durch ein großes Feuer konnten sie von ihren Hütten ferngehalten werden. Der junge Buschmann lachte weiter und am nächsten Morgen ging er zurück und verspottete den toten Löwen. Da entdeckte er ganz in der Nähe eine Harzkugel, einen seltenen Leckerbissen, an einem Zweig. Er kletterte hinauf und biß hinein. Sie war hart und klebrig, und je mehr er zerrte, desto tiefer grub er seine Zähne hinein. Schließlich füllte das Harz seinen ganzen Mund aus, bis er weder schreien noch atmen konnte.

Als die anderen Buschmänner kamen, fanden sie ihn erstickt und unter ihm lag der erstickte, tote Löwe.

Die Milchstraße

Träumend saß das Buschmannmädchen vor seiner Hütte, wühlte mit seinen Händen in der kalten, weißen Asche und schaute in die Wolken.

Ein Windstoß kam. Er wirbelte tausend Aschenkörnchen auf und trug sie in den Himmel. Dort setzte sich Aschenkörnchen neben Aschenkörnchen fest, bis es so viele waren, daß sich eine ganze Straße bildete, die Milchstraße.

Neben der Milchstraße wanderten die Sterne. Sehnsüchtig sah die Milchstraße ihnen zu, wie sie erglühten, wenn die Sonne unterging, und wie sie erblaßten, wenn die Sonne wieder zum Vorschein kam. Die Sterne waren so hell, daß die Milchstraße sich entschloß, wie sie zu werden und in der Finsternis zu leuchten.

Die Milchstraße blickte auf das Buschmannmädchen herunter, und so kam das Licht der Milchstraße auf die Erde.

Der kleine Hase

An einem heißen Tag hatten die Jäger wenig Mühe mit ihrer Beute. Als sie zu ihren Hütten zurückkehrten, erspähten sie einen kleinen Hasen. Aber sie erlegten ihn nicht, sondern sie fingen ihn ein und gaben ihn dem jüngsten Sohn.

Der Junge freute sich über das Geschenk, und er spielte mit ihm, wie nie zuvor ein Buschmannjunge mit einem Hasen gespielt hatte. Er setzte ihn ins Feld und ließ ihn rennen, verfolgte ihn und fing ihn wieder ein. Dann setzte er ihn wieder nieder, ließ ihn laufen und rannte hinterher, um ihn aufs neue einzuholen. So ging es immerfort.

Eine alte Frau ärgerte sich darüber. „Wie kannst du mit Fleisch spielen? Man spielt nicht mit Fleisch! Man brät Fleisch!“ Sie musterte den Hasen. „Der Hase ist mager, drum spiele nicht mit ihm. Es wäre besser, ihn zu schlachten und zu braten, damit wir Hasenfleisch essen können.“

Der Junge erschrak, denn er wollte seinen neuen Freund nicht hergeben. Er traute der Alten nicht, und als sie ihn fortschickte, um Wasser zu holen, nahm er den Krug und den Hasen mit. Er ahnte, daß er ihn beschützen mußte.

Am Bach betrachtete er ihn. Er war hübsch. Er knabberte eifrig an den Blättern, und seine Ohren flatterten, wenn er durch das Gras hoppelte. „Niemals werde ich dich töten“, versprach er ihm und streichelte sein braunes Fell. Doch während er seinen Krug mit Wasser füllte, lief der kleine Hase fort. Der Junge sah ihm nach, aber diesmal rannte er nicht hinter ihm her, um ihn wieder einzufangen. Er war traurig, aber er liebte den kleinen Hasen, und darum ließ er ihm die Freiheit.

Der alten Frau, die Hasenfleisch essen wollte, erzählte er, daß der Hase davongelaufen sei. Sie keifte und schimpfte und verlangte einen anderen Hasen, aber der Junge begann zu weinen. „Ich will keinen anderen Hasen“, schluchzte er, „nie wieder will ich einen Hasen haben!“ Die ganze Sippe lief zusammen, beriet lange und entschied, nie wieder einen lebenden Hasen zu fangen. Denn man spielt nicht mit Fleisch.

Der Junge lachte wieder. Er wußte, daß sein Hase lebendig und in Freiheit war, und daß er glücklich sein würde. Darum war auch er glücklich.

Von den Streichen des großen Zauberers

Dem großen Zauberer war das Leben im Busch zu langweilig geworden. Das kam öfter vor, und jedesmal spielte er dann Menschen oder Tieren einen Streich. Diesmal wollte er die Kinder zum Narren halten.

Als sie eines Morgens auszogen, um Kräuter und Beeren zu sammeln, lauerte er ihnen auf, verwandelte sich in ein Gnu, und als sie ihn fast erreicht hatten, legte er sich quer über den Weg und stellte sich tot.

„Das wird ein gutes Essen geben!" riefen die Kinder erfreut. Sie schlugen sich Steinmesser, wie sie es von ihren Eltern gelernt hatten, schlitzten dem Tier den Bauch auf und zogen ihm das Fell ab. Sie wunderten sich zwar, daß das Tier nicht blutete, waren aber zu erregt über ihre Beute, als daß sie sich allzu viele Gedanken machten.

Plötzlich rief eines der Kinder: „Das Gnu hat mich gezwickt! Es lebt noch." Also brachen sie ihm das Genick. Die Kinder legten einen Tragriemen um das Gnu, um es nach Hause zu bringen. Auf dem Weg löste sich jedoch der Tragriemen und rutschte vor die Augen des Kopfes.

„Nimm den Riemen fort", raunte der Kopf, „siehst du nicht, daß er mich stört?" Vor Schreck stolperten die Kinder und der Kopf fiel auf den harten Boden.

„Au", schrie eine Stimme, „könnt ihr nicht sanfter mit mir umgehen?" In größter Angst warfen die Kinder ihre Beute weg. Sie rannten schreiend nach Hause, und atemlos berichteten sie ihren Eltern, was sie erlebt hatten. Die Buschmänner wußten, daß der Zauberer ihnen wieder einmal einen Streich gespielt hatte. Von diesem Tag an schickten sie ihre Kinder nie wieder allein aus, Nahrung zu suchen.

Das Gnu aber, das ein Zauberer war, flickte sich zusammen, so daß es wieder lebendig wurde und folgte den Kindern. In der Nähe der Hütten schlenderte es am Fluß entlang und tat, als sei nichts geschehen.

Der Buschmann und der Specht

Ein Buschmann beschloß eines Tages, das Zaubern zu erlernen. Er hörte auf zu jagen, denn ein Zauberer hat keine Zeit zur Jagd, er muß Leben und Treiben aller Menschen und Tiere beobachten.

Also bereitete er sich ein bequemes Lager unter einem Baum, in dem eine Spechtfamilie hauste. „Stell dir vor", sagte er am Abend verwundert zu seiner Frau, „die Spechte scheinen von morgens bis abends beschäftigt zu sein, aber sie denken nicht daran, mit dem Zimmern ihrer Höhlen zu beginnen, obwohl die Regenzeit bald kommt."

„Was geht dich das an?" erwiderte mürrisch seine Frau, „deine eigene Hütte ist noch nicht einmal wasserdicht! Geh und hole trockenes Gras, sonst sitzen wir eines Tages ungeschützt im Regen!" Der Buschmann dachte, dazu wäre immer noch Zeit genug. Wenn der Specht sich nicht um seinen Höhlenbau kümmerte, so würde er es auch nicht tun.

Nun war es aber so, daß der Specht vor langer Zeit ebenfalls ein Buschmann gewesen war. Der Schöpfer hatte ihn in ein Tier verwandelt und ihm die Gabe des Zauberns verliehen.

„Warum faulenzt du?" hörte der Buschmann ihn auf einmal reden. „Warum besserst du nicht das Dach deiner Hütte aus, da die Regenzeit bald kommt?" „Ich schaue dir zu", antwortete er, erhielt als Erwiderung aber nur ein höhnisches Lachen. Von nun an erinnerte und mahnte ihn der Specht jeden Tag. „Solange du es nicht tust, werde ich auch nicht beginnen", sagte er. „Du mußt es ja wissen", kam es zurück, „aber du wirst es noch bereuen!"

Bald zogen große Wolken auf, und als die ersten dicken Tropfen fielen, lief die Buschmannsippe verstört durcheinander. Im letzten Augenblick versuchte jeder, ein Büschel trockenes Gras zu erwischen, um wenigstens die dicksten Löcher im Dach stopfen zu können. Der Specht dagegen ging seelenruhig an ein Versteck, holte ein geheimnisvolles Horn heraus und blies hinein. Blitzschnell standen etliche neue Grashütten vor ihm. Der Mann staunte und staunte. „Das ist Zauberei!" rief er. „Nun werde ich auch zaubern lernen." Doch seine Sippe stand im Regen und war böse auf ihn, während die Spechtfamilie ihnen schadenfroh den Rücken zudrehte und in ihren neuen trockenen Hütten verschwand.

Am nächsten Morgen, als der Specht zur Nahrungssuche ausgeflogen war, schlich sich der Buschmann heimlich an das Versteck des Spechtes heran. Er fand das kleine Zauberhorn und versteckte es unter seinem Schurz. In sicherer Entfernung, wo ihn niemand mehr hören konnte, holte er es hervor, blies hinein und staunte: Tatsächlich war er umgeben von vielen neuen schönen Hütten!

Triumphierend kehrte er zu seiner Sippe zurück, die ihn wieder bestürmte, denn der nächste Regenguß wartete am Himmel. Und immer noch waren sie ohne Schutz. „Geduld! Dazu ist immer noch Zeit genug“, dachte der Buschmann und vergewisserte sich, ob er das Zauberhorn noch bei sich trug. „Je stärker die Not und die Angst meiner Sippe wird, desto größer wird später mein Ruhm sein.“

Er forderte sie nur auf, den Lagerplatz mit ihm zu wechseln, denn ganz sicher konnte er nicht sein, daß ihn niemand beim Diebstahl beobachtet hatte. Also zogen sie fort in ein entferntes Gebiet. Endlich, als dort die ersten Regentropfen schon auf sie niederfielen, holte der Buschmann das Zauberhorn hervor. Doch gerade, als er hineinblasen wollte, hörte er ein Schwirren über sich. Eine wohlbekannte Stimme rief: „Dieb! Du abscheulicher Dieb! Nun zeig doch, was du kannst. Beweise, daß du Grashütten zaubern kannst.“

Der Buschmann riß das Horn an die Lippen und blies. Nichts geschah. Das Zauberhorn blieb stumm. Es war zu spät. Der Specht hatte den Zauber genommen.

Dem Buschmann blieb nichts anderes übrig, als mit seiner Sippe im Regen zu sitzen, drei Tage und drei Nächte lang. Gedemütigt und kleinlaut blickte er zu Boden. Er, der Buschmann, der ein großer Zauberer werden wollte, und der es zu nichts als zu einem Dieb gebracht hatte.

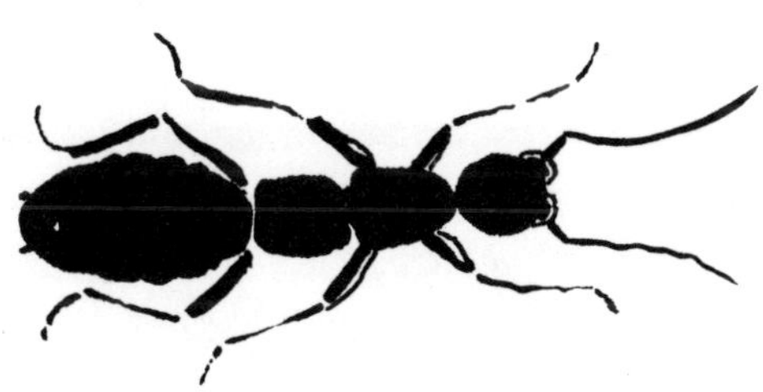

Die Wiedergeburt

Der männliche Vogel Strauß ist schön. Der männliche Vogel Strauß ist stark. Seine Knochen sind hart, sein Fleisch ist schwer, seine Beine hoch, seine Klauen scharf, seine Knie wie mit Leder überzogen. Der männliche Vogel Strauß hat eine zarte Stimme.

Er saß zufrieden, nichts Böses ahnend auf seinen Eiern, die seine Kinder werden sollten. Ein Buschmann kam. „Straußenfleisch macht satt", freute er sich, „ich bin hungrig." Er tötete den Strauß und schleppte ihn zu seiner Frau, die ihn rupfte und briet. Sie wurden rund und satt vom Fleisch des Vogels.

Die Federn warf die Frau achtlos vor die Hütte. Ein Wirbelwind ergriff ein Büschel und trug sie in die Lüfte, wo sie wild im Kreise umhertanzten und sich erst beruhigten, als der Wirbelwind genug gespielt hatte und sich schlafen legte. Sie fielen in die Büsche.

Doch eine einzige kleine Feder, schwarz und voller Blut, wurde bis hoch in die Wolken getragen und landete schließlich in einem kleinen Tümpel. Sowie sie das Wasser berührte, wurde sie wieder zu einem lebenden Vogel Strauß.

Während er in der Sonne trocknete, streckte und dehnte er sich. Noch war er zart, aber er wollte groß und stark werden; seine Knochen sollten so hart werden, wie sie nur der männliche Vogel Strauß hat. Seine Beine waren noch kurz und schwach, aber sie sollten lang und hart werden. Seine Knie waren noch weich und flaumig, aber er sehnte sich nach einer harten Lederhaut.

So stand er auf, lief einher und stärkte seine Beine. Er fraß und fraß und eines Tages war es soweit: Er war schön, er war stark, seine Knochen waren hart, sein Fleisch schwer und seine Beine hoch, seine Klauen scharf und seine Knie wie mit Leder überzogen. Seine Stimme aber war zart. Er war jetzt groß geworden.

Mit seinen scharfen Klauen kratzte er ein Nest in die Erde, und mit dem Klang seiner süßen Stimme lockte er drei Straußenweibchen an. Er umwarb sie und betörte sie, und sie blieben bei ihm. Denn der männliche Vogel Strauß ist schön. Er bereitete ein weiches Lager im Sand, sie schlugen aufgeregt mit den Flügeln und legten Eier.

Der Vogel Strauß blieb von nun an im Nest, brütete die Eier aus, die seine Kinder wurden und beschützte sie gegen seine Feinde. „Nehmt euch vor den Menschen in acht", warnte er sie, „sie werden euch schlachten und braten und essen, wenn ihr ihnen jemals vertraut."

Der ungetreue Buschmann

Der junge Buschmann war stark. Er war tüchtig im Jagen, und er sorgte gut für seine Frau und seinen Sohn, die mit ihm die Hütte teilten.

Jeden Morgen zog er zum Jagen aus. Eines Tages sagte er zu seiner Frau: „Heute werde ich eine große Elandantilope erlegen, und das Herzfett werde ich für dich mitbringen." Es war nämlich Sitte, daß ein Jäger das Herzfett der Elandantilope nur der Frau brachte, die er liebte.

Sie freute sich. Sie war glücklich, einen so guten Mann zu haben. Fröhlich machte sie sich an ihre Arbeit. Als es Abend wurde, hielt sie Ausschau nach ihrem Mann. Er hätte eigentlich längst zurück sein müssen. Wo er nur blieb? Hoffentlich war ihm nichts passiert! Kam es doch von Zeit zu Zeit vor, daß ein Buschmann von einem Leoparden angefallen wurde.

Unruhig legte sie sich mit ihrem Sohn auf ihr Grasbrett und wartete, aber da der Tag mühsam gewesen war, schlief sie bald über ihren Sorgen ein. Plötzlich wurde sie durch ein Rascheln aus dem Schlaf gerissen. „Hallo, Mann“, rief sie erleichtert, „Gott sein Dank, daß du endlich da bist!“ Sie ergriff ihren kleinen Sohn und hielt ihn erfreut dem Eingang entgegen, wo sie im Dunkeln ihren Mann vermutete, der spät von der Jagd heimkehrte.

Wie erschrak sie aber, als sie nicht ihn, sondern zwei fremde, funkelnde Augen sah, die sich unhörbar und schnell näherten. Noch ehe sie sich in einen schützenden Winkel der Hütte retten konnte, waren sie dicht vor ihr, und zu ihrem Entsetzen erkannte sie einen riesigen Leoparden, der ihr das Kind entriß. Sie stieß einen fürchterlichen Schrei aus, und von Panik ergriffen wollte sie mit einem großen Satz in die hinterste Ecke der Hütte fliehen. Doch in ihrer Not hatte sie den Baumast vergessen, der spitz und gefährlich aus der Wand ragte, der sie nun durchbohrte und aufspießte. Sie schrie vor Schmerz, konnte sich aber weder vor- noch zurückbewegen. Während sie langsam starb, mußte sie zusehen, wie der Leopard mit seinem Opfer, ihrem Sohn, spielte, ihn tötete und fraß, bis nur noch Knochen übrig waren.

Der Buschmann wußte nichts davon. Als er die Elandantilope geschossen und das Herzfett an sich genommen hatte, erinnerte er sich an ein junges Buschmannmädchen, das er zu seiner zweiten Frau machen wollte. Also ging er zu ihrer Hütte, brachte ihr das Herzfett des Elands und blieb die Nacht über bei ihr. Als er am nächsten Morgen zurück nach Hause kam, erschrak er sehr. Seine Frau hing tot an dem Ast, und von seinem Sohn fand er nichts als ein paar Knochen am Boden.

Seine Reue kam zu spät. Als die Eltern des jungen Mädchens die Geschichte hörten, entschieden sie: „Nie wird dieser Mann unsere Tochter zu seiner Frau bekommen. Er beschützt seine Familie nicht.“ Damit schickten sie ihm das Herzfett des Elands zurück, und von nun an lebte der Mann allein und einsam bis zu seinem Tode.

Der überführte Räuber

Eine Sippe von Buschmännern hatte einen Vorrat von Knollen und Zwiebeln angelegt, um sich zu ernähren, wenn die Jäger kein Fleisch nach Hause brachten.

Eines Morgens entdeckten sie, daß ihr Versteck beraubt worden war. Sie wurden sehr böse, und sie überlegten, wie sie den Dieb fassen könnten.

Da hatte ein Buschmann eine Idee. Am nächsten Abend beauftragte er seinen Sohn, bei dem Versteck Wache zu halten, den Bösewicht zu fangen und den restlichen Vorrat für die Sippe zu erhalten. Der Junge war sehr stolz wegen dieser Aufgabe, und er begab sich mit seinen Speeren zu dem Versteck und setzte sich vor den Eingang. Aber nichts geschah. Er wartete und wartete, bis er müde wurde, und die Augen ihm langsam zufielen. Er schlief fest ein. Erst als die Sonne aufstand, erwachte er. Er erschrak, denn wieder fehlte ein Teil des Vorrats, und seine Pfeile hatte der Dieb wie zum Hohn rund um ihn herum in die Erde gesteckt.

Der Vater war ärgerlich, als er das sah. Er schimpfte mit seinem Sohn, und am nächsten Abend schickte er seine Tochter, die älter war als ihr Bruder und gewissenhafter. Als Waffe nahm sie einen Speer mit, um sich und die wertvolle Beute zu beschützen.

Das Mädchen hielt sich wach, bis der Mond hoch am Himmel stand. Sie wartete auf den Dieb, um ihm mutig den Garaus zu machen, aber er ließ sich nicht blicken. Da schlief auch sie ein. Auch sie erwachte erst am nächsten Morgen, auch sie mußte mit Entsetzen feststellen, daß der Dieb wieder von dem Vorrat genommen hatte. Ihr Speer lag zerbrochen neben ihr.

Am nächsten Tag war die Reihe an der Mutter. Aber so sehr sie sich auch vornahm, es besser als ihre Kinder zu machen, sie konnte nur bis zum Morgengrauen gegen ihre Müdigkeit ankämpfen, dann legte auch sie sich nieder, und bald fielen ihre Augen zu.

Der Dieb hatte den Ort wie in den vergangenen Nächten beobachtet, und den letzten Moment der Dunkelheit benutzte er, um seine tägliche Mahlzeit zu holen. Das Beil, das die Mutter zum Schutz mitgenommen hatte, warf er so weit fort, daß niemand es je wiederfand.

„Ihr seid alle zu nichts zu gebrauchen“, grollte der Vater. Im stillen hatte er gehofft, selbst verschont zu bleiben, denn er hatte keine Lust, Wache zu halten und eine ganze Nacht ohne Schlaf auskommen zu müssen. Doch es blieb ihm nicht erspart.

„Ich werde euch zeigen, daß ich ein tüchtiger Buschmann bin, für den nichts zu schwer ist“, versprach er und traf einige Vorbereitungen. Er ersann eine List. Um die anderen zu täuschen, und um seinen erwarteten Erfolg nicht zu schmälern, nahm er zum Schein alle Waffen mit, mit denen er wie die Mutter, die Tochter und der Sohn kämpfen wollte.

„Ich werde euch den Dieb lebendig bringen“, versprach er, und alle staunten.

An dem Versteck begann er sogleich mit der Arbeit. Er steckte einen dikken Stock vor das Loch in die Erde, stülpte eine ausgehöhlte Frucht auf seine Spitze und befestigte zwei Pfeile an seine Seiten. Es entstand eine Figur, die wie ein Mann aussah. Er beschaute sie von allen Seiten und war zufrieden. Dann brach er den Ast eines Baumes, dessen klebrigen Saft er in einer Straußeneierschale auffing. Sorgfältig strich er die klebrige Masse auf alle Seiten seiner Figur. Dann bereitete er sich ein Lager in der Nähe, wo ihn niemand sehen konnte und schlief seelenruhig ein.

Bald darauf kam ein Fuchs angeschlichen. Das war der Dieb. Verstohlen und vorsichtig sah er sich nach allen Seiten um. Er wollte sicher sein, daß ihm niemand gefolgt war. Vor dem Loch blieb er verdutzt stehen. Was war das? Wollte außer ihm noch jemand an den fremden Vorrat? War ihm jemand zuvorgekommen? Wie konnte es jemand wagen, an den Vorrat zu gehen, den er bereits als seinen eigenen betrachtete?

„Hau ab“, forderte er laut in Richtung der Vogelscheuche, aber zu seinem Erstaunen rührte sie sich nicht vom Fleck. Sie schaute ihn nicht an, machte keine einzige Bewegung und gab keinen Ton von sich. Der Fuchs wurde unsicher, weil er nicht wußte, was er von der Geschichte halten sollte und drohte noch einmal:

„Ich warne dich! Wenn du nicht sofort von hier verschwindest, werde ich dich mit Haut und Haaren auffressen!“

Seiner Wirkung sicher, beobachtete er sein Gegenüber mit aufmerksamen, listigen Augen, aber noch immer blieb es still und stumm am gleichen Platz.

Da wurde der Fuchs wütend, daß er einen großen Anlauf nahm, ein wildes Geheul ausstieß und sich auf seinen Gegner stürzte. Doch kaum hatte er sein Gegenüber berührt, so klebte er daran fest. Entsetzt wollte er fliehen, aber der Saft ließ ihn nicht wieder los. Je mehr er strampelte und zappelte, umso fester klebte er. Er kämpfte lange, bis er zuletzt aufgab.

Als der Buschmann aufwachte und den gefangenen Fuchs sah, freute er sich und lachte:

„Das ist dir aber schlecht bekommen!“

Die Löwin und die Kinder

Eine Löwin war traurig, daß sie keine Kinder bekommen konnte, denn sie liebte Kinder. Besonders liebte sie die Menschenkinder, mit denen sie sich jeden Morgen am Fluß traf. Sie spielte mit ihnen, und sie schöpfte Wasser für sie, wenn sie durstig wurden. Bald fragte sie: „Wollt ihr meine Kinder sein und mit mir kommen?“ Begeistert zogen sie mit ihr und hatten schnell die Menschen vergessen.

Eines Tages beobachtete sie ein Buschmann. Er setzte sich auf einen Stein und wartete, bis die Löwin zum Jagen ausgezogen war, Dann betrat er die Hütte. Die Kinder umringten ihn neugierig und beschnüffelten ihn. Er fragte: „Warum wohnt ihr hier bei der Löwin? Wißt ihr denn nicht, daß ihr keine Löwenkinder seid, sondern zu den Buschmännern gehört?"

Staunend hörten sie zu. Einige erinnerten sich und gingen los, die Menschen zu suchen. Am nächsten Tag kam der Mann wieder. „Dort hinter den Hügeln, wo das Feuer brennt, sind eure Eltern", lockte er sie. „Dort wo das Fleisch gebraten wird, wohnen eure Familien, wo es Honig gibt ist euer Zuhause!"

Immer mehr Kinder folgten seinem Rat und gingen zurück. Als das letzte Kind fort war, freute sich der Mann und wartete auf die Löwin. Aber kaum hatte sie die Hütte erreicht, schöpfte sie Verdacht. Sie knurrte drohend und brüllte: „Wo sind meine Kinder? Warum spielen meine Kinder nicht hier? Du hast sie mir geraubt!" Und sie flehte den Buschmann an: „Gib mir meine Kinder wieder!"

Sie gehören nicht dir", antwortete er, „es sind Menschenkinder, und deshalb sind sie zu den Menschen zurückgegangen."

„Dorthin, wo es Honig gibt, wo das Fleisch gebraten wird und wo das Feuer brennt." Die Löwin beschlich Angst bei dem Gedanken an das Feuer. Ihr Fell sträubte sich, und voller Enttäuschung drohte sie: „Tod über dich und die Menschen! Ich werde euch zerreißen!" und sie schnappte nach ihm.

Doch der Mann war klug. Er warnte sie: „Überlege es dir gut. Wenn du mich tötest, werden die Menschen das Feuer hierherbringen. Sie werden dich jagen und töten. Sie werden dich in dem Feuer braten!"

Da erschrak die Löwin, ließ ihn los und floh mit großen Sätzen in den Busch. Traurig und böse verwünschte sie alle Menschen. Sie schwor ihnen Rache, denn sie wußte, daß ihre Liebe zu deren Kindern sich nie wieder erfüllen würde.

Der Streit

Ein Buschmann heiratete eine Frau der frühen Rasse. Sie arbeiteten zusammen, holten Hirse aus der Erde, säuberten sie und füllten sie in einen Sack. Abends kehrten sie in ihre Hütte zurück, aßen und schliefen. Am nächsten Morgen ging es ebenso weiter.

Als der Sack voll war, sagte der Mann: „Gib mir dein Fellkleid, damit wir die Körner hineinschütten können." Die Frau weigerte sich, denn in ihrer

Sippe hatte man nie Hirse in ein Fellkleid gefüllt. „Sammle die Hirse, grabe sie ein und bedecke sie mit Erde, damit niemand sie findet", schlug sie deshalb vor.

Davon wollte der Mann aber nichts wissen. Ein Streit entstand, und weil er der Stärkere war, riß er ihr mit Gewalt das Fellkleid vom Leibe. Er wußte jedoch nicht, daß mit dem Fell die Eingeweide der Frau verwachsen waren. Er wußte nicht, daß er sie so aus ihrem Leib herausreißen würde.

Die Frau schrie. Sie floh. Sie lief zu ihrer Mutter, während sie versuchte, ihre Eingeweide wieder einzusammeln und in ihren Leibe zurückzustopfen. Als die Mutter das sah, wurde sie wütend. Sie fluchte auf die Männer der Buschmannrasse. „Sie haben keinen Verstand", klagte sie, als sie die ganze Geschichte gehört hatte. „Zuerst tun sie, als ob sie uns kennen und wollen uns heiraten, ohne die geringste Ahnung von uns zu haben."

Sie rückte alle Eingeweide zusammen und verband sie, so daß sie heilen konnten, behielt das Mädchen bei sich und pflegte es, bis es wieder gesund war.

Als der Mann kam und seine Frau zurückverlangte, schickte sie ihn fort und beschwor ihn, zu seinem Volk zurückzukehren und nie wieder in ihre Nähe zu kommen. Denn ein Mann anderer Rasse ist unwissend und soll sich nicht in Dinge mischen, von denen er nichts versteht.

Der dumme Löwe und der listige Schakal

Vor langen Zeiten war der Löwe noch nicht der König der Tiere. Damals freute er sich, wenn er Jagdgenossen fand. Mal waren es die Leoparden, mal die wilden Hunde. Eines Tages kam der Schakal zu ihm und schlug vor: „Wir wollen zusammen jagen. Fangen wir Großwild, so gehört es dir. Erwischen wir ein Böckchen, so behalte ich es.“ Damit war der Löwe gleich einverstanden.

Sie erlegten einen Kudu, einen gewaltigen Bock. Der Löwe freute sich sehr, doch gleichzeitig bedauerte er: „Es tut mir leid, wenn du nichts bekommst. Ich werde für dich noch einmal in den Busch zurückgehen und weiterjagen. In der Zwischenzeit kannst du das Fleisch schon meiner Frau bringen!" Aber der Schakal dachte nicht daran, das zu tun. Kaum war der Löwe fort, schleppte er das Fleisch zu seiner Frau und seinen Kindern.

Als der Löwe, der kein anderes Wild gefangen hatte, nach Hause zurückkehrte und seine Familie mit knurrenden Mägen vorfand, wurde er böse und lief wutschnaubend zur Hütte des Schakals. Er jagte ihn, aber der Schakal war schneller und flüchtete in eine Höhle, für die der Löwe zu dick war. Nur seinen Schwanz erwischte er. „Endlich hab ich dich, du Dieb!" Doch der Schakal war klug. Er staunte: „Aber du kannst nicht richtig sehen! Du hast doch nicht meinen Schwanz in der Pfote, sondern einen Stock! Wenn du mir nicht glaubst, hol doch einen Stein und schlag drauf, dann wirst du es merken." Und tatsächlich ließ sich der Löwe überlisten und ging fort. Als er mit dem Stein zurückkam, war der Schakal verschwunden.

Nun wurde die Wut des Löwen noch größer, und er verfolgte den Schakal, wo immer es ihm möglich war. Eines Tages war es soweit, er hatte ihn in die Enge getrieben, es gab keinen Ausweg mehr. Doch der Schakal dachte sich eine neue List aus. Er schmeichelte: „Wie gut, Löwe, daß du gerade vorbeikommst. Siehst du den Bock dort hinten? Allein hätte ich ihn nicht reißen können, aber nun können wir es zusammen schaffen. Ich werde ihn dir zutreiben!" Der gutgläubige Löwe vertraute ihm und so konnte der schlaue Schakal wieder entfliehen.

Ein anderes Mal flüchtete er unter einen Stein, von wo es keinen Ausweg mehr gab. Da schrie er laut: „Hilfe! Hilfe! Der Felsen stürzt ein!" Und tatsächlich lief der einfältige Löwe davon, um nicht erschlagen zu werden.

Eines Tages tat der Löwe so, als wolle er Frieden schließen. Er besuchte den Schakal, der hoch oben auf einem Felsen wohnte. Er bat freundlich um Einlaß. „Nimm nur das Seil, das am Felsen hängt und klettere hoch. Ich erwarte dich", rief der Schakal. Doch als der Löwe auf halber Strecke in der Luft schwebte, schnitt er das Seil ab.

Da gab der Löwe auf. Beide Tiere gingen sich von nun an aus dem Wege, auf gemeinsame Jagd gingen sie nie wieder.

Die Geier

Die Buschmannfrau wollte Schwestern haben, ältere Schwestern, um mit ihnen zu essen, zu schlafen und zu leben. Sie wählte dazu die Geier.

Lange Zeit hatten die Geier es gut bei ihr, und alle schienen glücklich zu sein. Eines Tages kam ihr Mann schwer beladen mit einem Springbock nach Hause. „Frau, hier bringe ich dir Fleisch. Nimm es und brate es, damit wir zu essen haben", sagte er und legte sich schlafen.

Die Frau tat, was ihr Mann befohlen hatte. Als sie fertig war und ihn wekken wollte, nutzten die Schwestern, die Geier, den Augenblick, fielen gierig über das bereitete Fleisch her und verschlangen es. Nur die Haut blieb übrig. Ärgerlich warf die Frau sie in einen Topf, um eine Suppe zu kochen. Als sie fertig war und ihren Mann holte, stürzten sich die Geier, die Schwestern, wieder auf das Essen und verschlangen es, obwohl sie den Magen noch voller Fleisch hatten.

Als der Mann dies sah, beschimpfte und verfluchte er die Schwestern seiner Frau.

„Sie bringen uns um", sorgte sich der Mann. „Wir verhungern, wenn es so weitergeht. Frau, du mußt mitkommen und die Beute braten, wo ich sie erlege." Also gingen sie fort.

Die Geier berieten, was zu tun sei. Schon wieder knurrte ihr Magen, und so folgten sie dem Buschmann und seiner Frau. Hoch oben am Himmel kreisten sie und beobachteten, wie sich der Buschmann an einen jungen Springbock heranpirschte, ihn verfolgte, ihn hetzte, ihn erreichte und durchbohrte. Das Tier rannte noch lange mit dem Pfeil im Leib, bis es erschöpft unter einem Baum zusammenbrach und verendete.

Darauf hatten die Geier gewartet. Sie stürzten sich auf das tote Wild und vergruben ihre Schnäbel gierig in dem warmen Leib. Als der Jäger seine Beute erreichte, fand er nur noch ein Knochengerüst. „Fluch über euch!" schrie er wütend und erhob drohend seinen Speer, und die Frau weinte: „Nie wieder werdet ihr meine Schwestern sein".

Der Schakal und das Huhn

Seit langer Zeit herrschte im Busch eine große Hungersnot. Es hatte viele, viele Wochen nicht geregnet. Alle Früchte waren vertrocknet, alles Wild war fortgezogen. Die Menschen und die Tiere waren mager geworden, und ihre Haut hing ihnen in Falten am Körper herab. Sehnsüchtig schauten alle zum Himmel, als könnten sie so die ersehnten Wolken herbeiholen. Aber es ließen sich keine sehen.

„Ich bin so geschwächt, daß ich mir nichts mehr zu fressen suchen kann!“ klagte das Huhn.

„Und ich fühle mich so kraftlos, daß ich kaum noch gehen kann“, gab der Schakal zurück und setzte sich zur Bestätigung seiner Worte erschöpft auf einen Stein.

„Das trifft sich gut“, überlegte das Huhn. „Wollen wir uns in diesen schlechten Zeiten nicht zusammentun? Ich schlage vor, daß du versuchst, etwas Eßbares für uns beide im Busch zu finden, und ich werde mich bemühen, ein vernünftiges Mahl daraus für uns herzurichten.“

„Einverstanden!“ sagte der Schakal, und er freute sich. So lebten sie in Frieden zusammen, da jeder nur noch die Hälfte seiner bisherigen Aufgaben zu erledigen hatte. Bis der Schakal eines Tages unruhig wurde.

„Ich finde es ungerecht“, stellte er fest. „Ich muß den ganzen Tag lang von Sonnenaufgang bis Sonnenuntergang herumjagen und Nahrung besorgen. Das bißchen Fett, das ich auf meinen Knochen habe, verliere ich dabei, und du sitzt den ganzen Tag herum, vergnügst dich und wartest darauf, daß ich dir die leckeren Brocken nach Hause bringe. Und nach all der Mühe, die ich allein gehabt habe, frißt du auch noch die Hälfte weg! Das muß geändert werden.“

Aber dem Huhn gelang es, den Schakal noch einmal zu beruhigen. Es umschmeichelte ihn und streichelte ihn und zählte ihm auf, wieviel Mühe und Arbeit es sich seinerseits mache, um das Essen zuzubereiten. Da glaubte der Schakal dem Huhn.

In Wirklichkeit aber hegte das Huhn eigennützige und böse Gedanken.

„Wer weiß“, sagte es zu sich selbst, „ob der Schakal es ehrlich mit mir meint? Ob er wirklich zu mir hält und für wie lange? Vielleicht wache ich eines Morgens auf, und er ist mir davongelaufen? Oder eines Abends sitze ich da und warte mit knurrendem Magen auf ihn, aber er läßt sich nicht mehr blicken? Ich muß mich von nun an selbst versorgen und beschützen, und ich werde es heimlich tun, damit er nichts davon bemerkt.“

Damit setzte es seinen Plan in die Tat um. Von nun an versteckte das Huhn von jeder Mahlzeit, die der Schakal nach Hause brachte, heimlich die Hälfte. Erst am nächsten Morgen, wenn es wieder allein war, holte das Huhn die versteckte Nahrung hervor und brachte sie zu einer Höhle, die es gefunden hatte. Die andere Hälfte kochte es und bereitete sie zu, und jeder verspeiste seinen Teil, der Schakal und das Huhn. Wenn es aber tagsüber Hunger verspürte, brauchte es nur an seinen Vorrat zu gehen und sich satt zu essen.

Mit der Zeit wurde das Huhn wieder rund und dick, hatte stets gute Laune und sah prächtig und gesund aus wie an vergangenen Regentagen, als genug Futter für jeden dagewesen war. Der Schakal dagegen wurde immer magerer, denn er bekam ja nur noch ein Viertel der ganzen Beute. Er wurde schlecht gelaunt und sah krank aus. Denn mit leerem Magen läßt es sich nicht besonders gut leben.

Anfangs bemerkte der Schakal die Veränderung kaum. Er vertraute dem Huhn. Dann aber, als das Huhn eines Abends genüßlich und zufrieden vor sich hinlächelte, betrachtete er es plötzlich, als sähe er es zum ersten Mal.

„Wie kommt es?“ fragte er erstaunt, „daß du so rund und dick aussiehst, während ich immer magerer werde, obwohl wir beide die Beute doch immer in gleiche Hälften teilen? Oder ist das nicht so?“

„Doch, doch“, beeilte sich das Huhn zu bestätigen, und wieder glaubte ihm der Schakal. Als es jedoch immer schlechter ging, fragte er noch einmal und bekam zur Antwort:

„Ich verwerte die Nahrung eben besser!“

Aber nichts änderte sich. Da schöpfte der Schakal erneut Verdacht und nahm sich vor, der Sache auf den Grund zu gehen. Am nächsten Morgen verabschiedete er sich wie gewöhnlich, um zu jagen. Er versteckte sich jedoch hinter dem Kameldornbusch, wo er das Huhn beobachten konnte, ohne selbst gesehen zu werden. Unruhig wartete er auf die Dinge, die da kommen sollten.

Tatsächlich dauerte es nicht lange, bis das Huhn sich auf den Weg machte. Es trug etwas unter seinem Flügel, und da er es nicht erkennen konnte, folgte er ihm unbemerkt. Wie staunte er, als die Hälfte der gestrigen Mahlzeit zum Vorschein kam und in dem Versteck verschwand! Er verspürte einen solchen Zorn auf das Huhn, dem er so lange Zeit vertraut hatte, daß er sich am liebsten sofort auf das Huhn gestürzt und es aufgefressen hätte. Aber er konnte sich bezähmen, und anstelle dessen ersann er eine Rache.

So blieb er still in seinem Versteck sitzen und wartete geduldig, bis das Huhn wieder zum Vorschein kam. Es war so mit sich selbst beschäftigt, daß es nichts bemerkte. Kaum war es fort, als der Schakal sich seinerseits über den Vorrat hermachte. Er fraß und fraß, denn er war sehr hungrig.

Als er satt war, ruhte er sich aus. Danach suchte er sich ein neues Versteck und beschäftigte sich den ganzen Tag damit, den Vorrat dorthin zu schleppen. Erst als die Sonne unterging, hatte er es geschafft.

Als er nach Hause kam, log er:

„Ich habe heute auf der Jagd nichts erwischt!"

„Das macht nichts", erwiderte das Huhn großzügig, denn es dachte an seinen Vorrat, von dem es am nächsten Morgen um so mehr nehmen würde. Doch wie entsetzt war es, als es dort nichts mehr vorfand! Ungläubig scharrte es im Boden, lief aufgeregt suchend hin und her, aber es konnte nichts finden. Der Schakal hatte sich hinter einem Baum versteckt und weidete sich an der Verzweiflung des Huhns.

„Das geschieht dir recht", knirschte er und fraß sich allein an den Vorräten satt.

Am Abend ging es wie zuvor. „Ich habe nichts erbeutet", bedauerte er wieder. Abend um Abend kam er mit leeren Händen nach Hause. Dabei wurde er dick und rund wie zuvor das Huhn, und das Huhn magerte ab und grämte sich wie zuvor der Schakal.

Es ahnte, daß der Schakal ihm seine Schandtat zurückgezahlt hatte. Aus Scham machte es sich eines Tages auf den Weg und verließ die gemeinsame Behausung. Ab und zu gackerte es, aber es hörte nie auf, in der Erde zu scharren und nach dem verlorengegangenen Vorrat zu suchen, bis auf den heutigen Tag.

Der überlistete Schakal

Frühmorgens zogen die Buschmänner zur Jagd aus. Sie waren ziemlich schwach, denn seit vielen Monden hatten sie kein Fleisch mehr zu essen gehabt. Ihre Haut hing ihnen in Falten am Körper, und vor Hunger konnten sie sich nur mühsam vorwärtsschleppen.

Da sahen sie auf einmal vor sich einen großen Kudu, der durch den Busch streifte. Die Luft stand, es ging kein Windhauch, und so konnten sie sich ihm nähern, ohne daß er es merkte. Erst als der Pfeil eines Buschmanns heranflog, spürte das Tier die Gefahr und wollte fliehen. Aber es war zu spät. Die Spitze drang in sein Herz, und nach wenigen Sätzen brach es zusammen.

Die Männer stürzten sich auf das lang ersehnte Fleisch und schleppten es nach Hause. Sogleich zündeten sie ein großes Feuer an. Dann zerlegten sie das Tier und rösteten die Fleischbrocken. Noch ehe es gar war, schlangen die Buschmänner und ihre Frauen und Kinder es herunter. So hungrig waren sie, denn sie hatten lange Zeit nur Knollen und Zwiebeln gegessen. Bald glätteten sich ihre Bauchfalten, aber sie aßen immer weiter.

So aßen und tranken und tanzten sie, bis sie sehr fröhlich waren und nicht bemerkten, wie ein Schakal leise und ungesehen an das Lager schlich. Er fürchtete sich vor dem hellen Schein des Feuers, das gefährlich flackerte und aussah, als wolle es ihn angreifen. Aber sein Hunger war so groß, daß er sich überwand, und mit einem großen Satz holte er sich einen Brocken Fleisch, um ihn seiner Familie zu bringen. Er hatte seine Beute schon außer Sichtweite geschleppt, als einer der Buschmänner sich umwandte, um mehr Fleisch zu holen. Ungläubig starrte er auf den kümmerlichen Rest, bis er begriff.

„Ein Dieb! Ein Dieb!“ schrie er laut. Im Nu waren alle Buschmänner alarmiert. Sie zündeten Fackeln an, und es dauerte nicht lange, bis sie die Spur des Schakals gefunden hatten und ihr folgten.

Der Schakal hörte das Geschrei. So sehr er sich nach dem Fleisch sehnte, so sehr zitterte er um sein Leben. „Meine Frau wird Verständnis haben“, hoffte er, ließ seine Beute fallen und brachte sich selbst in Sicherheit. Als die Männer das sahen, lachten sie, begnügten sich damit, das Fleisch wiedererlangt zu haben, gaben die Verfolgung auf und fuhren in ihrem Fest fort.

Wie nun der Schakal ohne Nahrung nach Hause zurückkehrte, erzählte er seiner Frau, was geschehen war. Sie aber wurde böse.

„Ich glaube dir nicht, Mann!“ argwöhnte sie. „Du riechst nach frischem, köstlich geröstetem Fleisch. Wahrscheinlich hast du es allein vertilgt, und uns läßt du vor Hunger sterben!“

Der Schakal wurde sehr traurig, weil seine Frau so von ihm dachte. Da nahm er seinen ganzen Mut zusammen und erwiderte:

„Liebe Frau, ich werde dir beweisen, daß ich es nicht allein aufgegessen habe. Ich werde noch einmal zu den Menschen gehen, und dann werde ich dir Fleisch bringen, viel Fleisch."

Ihr war es recht. Sie dachte nicht an die Gefahr, der er sich aussetzen mußte, und so ließ sie ihren Mann ziehen. Sie wollte endlich Fleisch haben.

Auf dem Wege zu den Menschen überlegte sich der Schakal, wie er es anstellen könnte, an die Beute zu kommen, ohne selbst erwischt zu werden. Da hatte er plötzlich eine Idee.

„Ich werde mich hüten, wieder in die Nähe des Feuers zu gehen", sagte er zu sich selbst. „Wahrscheinlich ist es jetzt bewacht. Ich werde die Menschen anführen!" So schlich er um das Lager herum und beobachtete genau, was die Menschen taten. Er wartete geduldig, bis er den Jungen sah, der sich an einen etwas entfernten Platz schleppte und vor Sattheit und Müdigkeit sofort einschlief.

„Ha, jetzt hab ich's", frohlockte der Schakal. Er tappte leise zu dem Lager, um ja kein Geräusch zu verursachen, und packte das Kind. Er schleifte es fort, ohne daß es erwacht wäre.

„Wie wird sich meine Frau freuen", dachte er. „Ich werde ihr beweisen, wie gut ich es mit ihr meine, und wie treu ich ihr bin. Endlich werden wir satt werden durch dieses Buschmannkind, das von dem Kudu gegessen hat!" Und er freute sich über seine gelungene List.

Als er eine Weile mit seiner Beute gelaufen war, stolperte er in der Dunkelheit plötzlich über einen Ast. Seine Knie gaben nach, und der Junge fiel auf den Boden.

„Wo bin ich?" rief er erschrocken. Der Mond war gerade hinter einer Wolke verschwunden, es war stockfinster, und er konnte nichts erkennen. Aber er spürte, daß etwas Außergewöhnliches geschehen war.

„Ich bin es bloß!" rief ihm der Schakal zu, denn er dachte nicht daran, daß ihm seine Beute jetzt noch entwischen könnte. „Ich will dich fressen!"

„Oho!" antwortete der Junge und sprang blitzschnell auf, „dann mußt du mich aber erst fangen!" Und mit einem Satz war er auf und davon. Er kletterte an dem Ast eines großen Baumes empor, wie er es von seinem Vater gelernt hatte, und aus der Höhe lachte er den Schakal aus. Denn Schakale klettern nicht auf Bäume.

„Wo bist du denn?" klagte er laut, denn er hatte dem Jungen noch nicht einmal mit den Augen folgen können, und jetzt wurde er sich betrübt seiner Dummheit bewußt.

„Hier bin ich!"

In der Dunkelheit erkannte er nichts, aber als wenig später der Mond wieder hinter der Wolke zum Vorschein kam, sah er den Schatten, den er für den Jungen hielt. Mit einem Freudengeheul stürzte er sich auf ihn, um festzustellen, daß er ins Leere gegriffen hatte und der Länge nach auf die Nase fiel.

„Wie töricht von mir!" dachte der Schakal.

„Wie klug von mir!" dachte der Junge. Und so begann ein Spiel, das beide, der Junge und der Schakal, nie wieder vergessen würden. Es war ein Schattenspiel, bei dem immer der Junge Sieger blieb. Denn nie kam der Schakal dahinter, daß es nicht das Fleisch selbst war, nachdem er griff. Erst streckte sich eine Hand von dem Ast herunter, dann beugte sich der Kopf, schließlich baumelten die Beine, aber so sehr er sich bemühte, er griff immer nur ins Leere. Der Junge wurde immer ausgelassener, der Schakal dagegen immer wütender. Und je wütender er wurde, desto kopfloser wurde er auch. Er tobte herum. Er zerkratzte und verletzte sich und tat sich weh, aber er gab nicht auf.

Erst nach langer, langer Zeit, als seine Kräfte weniger wurden und er den Schlaf nicht mehr abwehren konnte, zog er sich zurück, legte sich erschöpft auf den Boden und fiel sofort in tiefen Schlaf.

Der Junge lachte wieder über die Dummheit des Schakals. Er kletterte vom Baum herunter und lief zu seiner Sippe zurück.

Der Schakal schlief fest bis zum nächsten Morgen. Erst seine Frau weckte ihn, als sie auf die Suche nach ihm gegangen war. Doch kaum hatte sie ihn entdeckt, als sie schimpfte:

„Es stimmt also doch, daß du ein Faulpelz und Nichtsnutz bist! Du hast mich belogen! Verschwinde!"

Es gab nichts, womit er beweisen konnte, daß sie unrecht hatte, außer seinen Beulen und Narben. Aber ihretwegen schämte er sich.

Der Schakal und die Hyäne

Vor langer, langer Zeit entschied sich die Hyäne, ein Buschmann-Mädchen zu heiraten. Nach langen Bitten und Versprechungen erhielt sie die Zusage der Eltern, und so bereitete sie die Hochzeit vor. Mit List und Tücke und vielen Mühen schlug sie sich zu einer entfernten Farm durch. Den ganzen Tag beobachtete sie die Menschen, die dort lebten. Als sie sicher war, daß am Abend alle Bewohner schlafen gegangen waren, schlich sie sich in den Stall. Ohne ein Geräusch zu machen, stahl sie sechs Kühe. Die wollte sie als Hochzeitsgeschenk ihrer Braut und deren Eltern bringen.

Sie hatte Glück. Der Diebstahl gelang, denn der Farmer entdeckte ihn erst am nächsten Morgen, als die Hyäne bereits weit weg war mit ihrer Beute. Er versuchte zwar, die Verfolgung aufzunehmen und lief den Spuren nach, aber bald mußte er aufgeben. In der Eile hatte er nicht einen Tropfen Wasser mitgenommen, der seinen Durst löschen konnte.

Die Hyäne dagegen hatte für alles gesorgt. Am Tage vorher hatte sie entlang des Wegs viele Straußeneierschalen voll Wasser aufgestellt, so daß sie selbst und die Kühe genug zu trinken hatten.

Unterwegs traf sie auf den Schakal.

„Wie wunderbar, dich wiederzusehen!" heuchelte er. „Ich wollte dich schon seit einiger Zeit besuchen. Aber leider war ich kränklich, es war mir nicht möglich, einen einzigen Schritt vor die Tür zusetzen."

„Das tut mir leid!" erwiderte die Hyäne voller Mitgefühl, da sie keinen Argwohn hegte. „Aber vielleicht kann ich dir helfen."

„Kaum! Wie solltest du mir schon helfen können?"

„Sieh dir diese Kühe an! Sie sind für meine Hochzeit bestimmt, und ich könnte dich zu dem großen Mahl einladen. Wenn du dich erst einmal satt gegessen hast, wird es dir gleich besser gehen." „Soso, du heiratest also! Wen heiratest du denn?"

„Das Buschmann-Mädchen", verkündete die Hyäne stolz, und der Schakal bewunderte sie.

„Gratuliere! Du hast einen feinen Fang gemacht! Und einladen willst du mich, hast du gesagt? Weißt du, eigentlich bin ich zu beschäftigt, weil mir niemand meine Arbeit abgenommen hat, während ich so krank war. Wenn du mich aber so sehr darum bittest, will ich dir den Gefallen tun. Ich werde meine Geschäfte aufschieben und mit dir kommen."

Die Hyäne freute sich über die Gesellschaft.

„Was für ein guter Kamerad der Schakal doch ist", dachte sie. „Ich verstehe gar nicht, warum jeder so böse von ihm spricht. Ich werde meinen Brüdern und Freunden von meinem neuen Freund erzählen, ich werde ihnen sagen, daß er weder listig noch falsch ist."

So wanderten sie frohgemut gemeinsam weiter und unterhielten sich

angeregt über ihr Leben und ihre Geschäfte. Interessiert erkundigte sich der Schakal nach der Braut, nach ihrer Familie, nach ihrer Schönheit und nach ihren Schätzen.

„Du bist ein Glückpilz“, rief er aus. Heimlich plante er eine List. So erzählte er ihr eine lustige Geschichte, und als sie herzlich darüber lachen mußte und nicht auf den Weg achtete, täuschte er vor, über einen Stein zu stolpern. Sofort begann er, herzzerbrechend zu jaulen, er hüpfte unbeholfen auf drei Beinen und hielt das vierte, um es zur Linderung zu blasen und jammerte:

„Au, au, au! Ich armes, armes Tier. Womit habe ich das nur verdient? Ich glaube, ich muß sterben. So hilf mir doch!“ „Was hast du denn bloß? Was fehlt dir? Du kannst doch nicht sterben, jetzt, wo du gerade erst mein Freund geworden bist! Wie kann ich dir helfen?“

„Du kannst mir gar nicht helfen. Oh, oh, oh, wie tut mir mein Bein nur weh! Nein, ich werde hierbleiben und sterben. Du wirst allein weiterziehen. Du wirst zu deiner Braut gehen und Hochzeit feiern. Du wirst fröhlich sein und viel essen und trinken, und ich werde allein und elendiglich sterben. Leb wohl, mein Freund, mein allerbester Freund!“

Dabei legte er sich in den Sand und tat, als hätte sein letztes Stündlein geschlagen. Der Hyäne rollten vor Mitleid die Tränen über die Wangen, und sie zermarterte ihr Gehirn, wie sie ihn wohl retten könnte. Da kam ihr ein Gedanke.

„Ich werde dich tragen, dann kannst du mit mir kommen“, schlug sie vor. Erstaunt sah sie der Schakal von der Erde aus an. „Das willst du wirklich für mich tun“, fragte er.

„Steig auf meinen Rücken!“

Mühsam erhob er sich und humpelte auf drei Beinen, jaulte vor Schmerz und sprang unbeholfen an der Hyäne herum, ohne auf ihren Rücken zu gelangen.

„Ich schaffe es nicht“, jammerte er, „ich bin zu schwach.“ Da setzte die Hyäne ihn vorsichtig auf den Boden, melkte eine Kuh für ihn und gab ihm frische Milch zur Stärkung.

„Halt aus“, bat sie. „Ich werde Steigbügel für dich flechten.“

Dann lief sie fort und machte sich an die Arbeit. Der Schakal jedoch suchte heimlich, während sie beschäftigt war, einen dicken Stock. Ihr Vorhaben gelang,und so konnten sie bald in Richtung des Platzes laufen, auf dem die Hochzeit stattfinden sollte. Der Schakal saß auf dem Rücken der Hyäne und hielt die Zügel, aber er versteckte seinen Stock.

„Ich werde mich ewig dankbar erweisen", flötete er, und die Hyäne freute sich, obwohl ihr die Last bald recht schwer wurde. Der Schweiß rann ihr von der Stirn, und sie kam nur noch mit Mühe vorwärts. Aber sie hielt aus, denn sie wollte ihre Treue beweisen, und so hatten sie es endlich nach langer, mühsamer Wanderung geschafft.

„Dort ist es", rief die Hyäne erleichtert und zeigte auf die Hütten der Buschmänner. Im gleichen Moment spürte sie einen Stock in ihrem Rükken. Er tanzte auf ihr, so daß sie vor Schmerz aufschrie.

„Du tust mir weh", machte sie ihren Gefährten aufmerksam, „bitte achte auf deinen Stock, damit er mich nicht trifft." „Das hast du dir wohl so gedacht", lachte da der Schakal hämisch, der merkte, daß seine List in Erfüllung gegangen war. „Wozu, glaubst du wohl, ist so ein schöner Stock gut?" Die Hyäne traute ihren Ohren nicht, aber schon spürte sie schnelle, kräftige Schläge auf ihrem Rücken, und ihr Stöhnen half nichts.

„Beeile dich gefälligst! Soll meine Braut etwa glauben, ich könnte mir nur einen lahmen Gaul leisten? Los!" schrie der Schakal sie an.

„Was redest du da?" fragte entsetzt die Hyäne. „Du weißt doch genau, daß sie nicht deine, sondern meine Braut ist!"

Aber der Schakal antwortete:

„Oh nein, sie war einmal deine Braut", belehrte er sie. Und zu seinem Schrecken sah sie in dem Moment das Mädchen und ihre Eltern auf sie zukommen. Der Schakal stieß seine Hinterbeine in ihre Seitenflanken, zog die Zügel gewaltig an und schlug mit dem Stock auf sie ein. Sie schämte sich zu Tode als er sprach: „Seid gegrüßt! Hier habe ich euch sechs gesunde Kühe als Hochzeitsgeschenk mitgebracht, und dieses Vieh hier hat mich hergetragen!" Da hielt sie es nicht mehr aus. Sie stieß viele böse Flüche aus und floh in den Busch, um nie wieder zurückzukehren.

Der Schakal aber lachte hinter ihr her. Dann wandte er sich an das junge Mädchen, umarmte sie und log: „Und so ein dummes Vieh wolltest du heiraten! Das kann doch höchstens als Reittier dienen."

Der kluge Frosch

Einem Buschmannjungen war es eines Tages leid, mit seinen Eltern zu ziehen und mit ihnen täglich auf die Jagd zu gehen. Seine Freunde hatten schon alle eine eigene Frau, für die sie sorgten und sie hatten eigene Kinder, die sie großzogen, um sie zu tüchtigen und mutigen Buschmännern zu erziehen.

Aber der Junge war sehr stolz. Er war so stolz und stark wie kein zweiter seiner Sippe, und er wurde von allen bewundert. Das war auch der Grund, warum er bisher noch kein Mädchen gebeten hatte, seine Frau zu werden. Keine war ihm schön genug. Da beschloß er, die Tochter des Mondes und der Sonne zu heiraten.

Abends, wenn er von der Jagd nach Hause zurückkehrte, setzte er sich auf einen Stein, stützte die Hände unter das Kinn und dachte nach, wie er es anstellen könnte.

Da kam ihm eine Idee.

Er setzte eine Nachricht auf ein Blatt, das er am nächsten Morgen einem Böckchen übergab. Es sollte sie weitertragen bis zur Sonne und zum Mond, und es sollte ihm Antwort bringen. Zur Belohnung versprach er ihm, sein Leben für immer zu schonen. Ungeduldig wartete er auf die Rückkehr des Böckchens. Aber es ließ sich nie wieder blicken.

„Wie dumm von mir“, sah der Buschmann ein, als sich alle Tiere zum Schlafen begeben hatten und es dunkel wurde. „Wie konnte ich nur ein Böckchen mit einer so wichtigen Aufgabe betrauen! Ein Böckchen kann keine Nachricht zur Sonne und zum Mond befördern, da es nicht fliegen kann. Ich muß einen Vogel schicken!“ Beruhigt über diesen Einfall legte er sich schlafen und freute sich auf den nächsten Morgen. Dann setzte er seine Nachricht auf ein neues Blatt und beauftragte den Geier, es zur Sonne und zum Mond zu tragen. Aber er wurde wieder enttäuscht. Kaum hatte sich der Geier in die Lüfte erhoben, als er nicht weit entfernt seine Brüder und Schwestern kreisen sah.

„Das bedeutet vielleicht einen Leckerbissen“, hoffte er, und im Nu hatte er seine Aufgabe vergessen, ließ das Blatt fallen und gesellte sich ihnen zu. Wenig später fand der Buschmann das Blatt auf der Erde liegen.

„Wieder umsonst“, sagte er enttäuscht. Danach schickte er den Habicht auf den Weg. Er schenkte ihm eine Maus, damit es ihm nicht wie bei dem Geier erginge, aber auch der Habicht blieb so erfolglos wie die anderen. Als er nämlich hoch über der Steppe schwebte und der Sonne immer näher kam, wirbelte plötzlich ein Wind heran und begann ein wildes Spiel mit ihm und so vergaß der Habicht, was ihm aufgetragen worden war.

Auf der Erde wartete der junge Buschmann vergeblich und wurde immer wütender.

„So werde ich nie eine Frau bekommen", schimpfte er und stampfte zornig über seine Mißerfolge mit den Füßen auf den Boden. Aber noch immer mochte er nicht aufgeben, und am Abend, nachdem er von der Jagd zurückgekehrt war, ersann er eine neue List.

„Ich werde an die Quelle gehen, wo die Frösche hausen", nahm er sich vor. Er hatte gehört, daß dorthin jeden Tag die Wassermädchen kommen. Sie wohnten wie die Sonne und der Mond im Himmel und ließen sich an einem gesponnenen Faden zur Erde herunter, um ihre Krüge voll Wasser zu schöpfen.

An diesem Tag wachte der junge Buschmann früh auf. Noch vor Sonnenaufgang lief er zur Quelle, um sich zu überzeugen, daß es stimmte, was die Leute redeten. Und tatsächlich, bei der Quelle sah er die Wassermädchen. Und als er ihr Tun mehrere Tage lang beobachtet hatte, setzte er wieder eine Nachricht auf ein neues Blatt.

Er besprach sich mit dem Frosch, der die Wassermädchen gut kannte und ihnen den Faden hielt, damit sie an ihm zurück in den Himmel klettern konnten.

„Ich werde dir helfen", versprach der Frosch und er versteckte das Blatt mit der Nachricht in einem Krug. Ohne es zu merken, nahmen die Mädchen es mit sich fort.

Kaum konnte der Buschmann den nächsten Morgen abwarten. Seine Unruhe und seine Neugier hatten ihn nicht zuhause gehalten, und so war er lange vor den Wassermädchen an der Quelle und erwartete ihre Ankunft. Würden sie eine Antwort bringen? Würde er die Tochter der Sonne und des Mondes heiraten können?

Aber der Krug war leer. Ratlos und enttäuscht sah er den Frosch an.

„Du mußt ein Geschenk mitschicken", riet der Frosch. „Einverstanden."

Sorgfältig bereitet er einen kleinen Ledersack vor, den er mit schönen Perlen füllte. Aber auch am nächsten Tag blieb die Antwort aus.

„Was soll ich nur tun, Frosch?" fragte er verzweifelt. „Ich hab es mir nun einmal in den Kopf gesetzt, und ich will keine andere Frau als die Tochter von Sonne und Mond. Kannst du mir denn keinen Rat geben? Du, der ihre Gewohnheiten soviel besser kennt als ich?"

„Du könntest an Sonne und Mond etwas zu essen schicken, damit sie sehen, daß du ihre Tochter ernähren kannst," schlug der Frosch vor.

„Ich habe selbst nicht viel. Du weißt ja, wie schlecht die Zeiten sind. Aber du bist klug, und so werde ich es versuchen," versprach der Buschmann. Tagelang bemühte er sich nun, ein schmackhaftes Mahl zusammenzustellen, das der Sonne und dem Mond gefallen könnte. Endlich fing er ein Huhn, drehte ihm den Hals um, röstete es und würzte es, daß es einen köstlichen Geruch um sich verbreitete. Dann trug er es behutsam zur Quelle und gab es dem Frosch, der es in den Krug steckte.

Der junge Buschmann sprang vor Freude in die Luft, als er am nächsen Morgen eine Antwort vorfand.

„Du kannst unsere Tochter zur Frau haben", lautete die Antwort, die von den Wassermädchen in ihren Krügen mit auf die Erde gebracht worden war, „aber du mußt sie abholen!"

Als sich die erste Freude gelegt hatte, sah der Buschmann den Frosch entsetzt an. Erst jetzt begriff er:

„Wie soll ich jemals in den Himmel kommen? Ach Frosch, ich werde meinen schönen Plan wohl aufgeben müssen. Ich werde es nie und nimmer schaffen."

„Was? So kurz vor dem Ziel willst du aufgeben?", entrüstete sich der Frosch. „Ich mache dir einen Vorschlag: Wenn du mir versprichst, mich zu beschützen und mir nie etwas zuleide zu tun, dann will ich dir jetzt helfen."

Feierlich schwor der Buschmann ihm Treue. Da befestigte der Frosch den Faden zum Himmel an einem Baumstumpf, schlüpfte selbst unbemerkt in einen Krug und ließ sich in den Himmel tragen.

Dort gab er sich selbst als Bräutigam aus, und die Sonne und der Mond hießen ihn herzlich willkommen. Mit reichen Gaben und vielen Wünschen schenkten sie ihm ihre Tochter. Doch bevor er sich ihr zu erkennen gab, nahm er ihr Augenlicht fort. Denn von der Täuschung sollte sie nichts merken. Darauf ließen sie sich gemeinsam an einem seidenen Faden herab und gelangten auf die Erde.

Der junge Buschmann hatte die ganze Nacht neben der Quelle gewartet. Von weither sah er sie kommen und erwartete ungeduldig seine Frau. Dankbar nahm er sie endlich in die Arme, und sie war so schön, wie er noch kein Mädchen zuvor gesehen hatte.

Da war der Frosch so gerührt und gab ihr das Augenlicht zurück, und sie heirateten. Der Buschmann aber hielt sein Versprechen. Nie tat er einem Frosch etwas zuleide.

Die unfruchtbare Frau

Ein Buschmannmädchen wollte einen Mann heiraten. Sie beratschlagten, einigten sich und die Hochzeit wurde gefeiert. Die Jäger hatten an dem Tag eine erfolgreiche Jagd, und so gab es viel zu essen und zu trinken. Sie waren fröhlich und feierten ausgelassen viele Tage lang.

Danach sammelte die Frau Knollen und Zwiebeln für ihren Mann, während er versuchte, Fleisch von der Jagd heimzubringen.

Sie hoffte, bald schwanger zu werden, denn sie wollte ihm viele Kinder schenken. Aber ihr Hoffen wurde nicht erfüllt, und sie wurde traurig darüber. Sie sammelte alle Kräuter, die Buschmann-Mädchen fruchtbar machen sollen, sie suchte Rat bei anderen Frauen, die Kinder zur Welt gebracht hatten, sie befragte alle Alten ihrer Sippe. Aber noch immer mußte sie zuschauen, wie ihre Schwestern und Freundinnen ihre Familien vergrößerten, während sie weiterhin mit ihrem Mann allein blieb.

Da hörte sie eines Tages von einer weisen, alten Frau, die schon vielen Mädchen durch Wundertaten zu einem Kind verholfen haben sollte. Ihrem Mann verschwieg sie ihren Plan und machte sich heimlich auf den Weg, die Alte aufzusuchen. Sie fand die Frau in einer Höhle auf einem Felsen. Aufmerksam hörte sich die Alte an, was die junge Frau zu sagen hatte. Sie sah ihr in die Augen, dann braute sie einen Sud aus geheimnisvollen Kräutern, die nur sie allein kannte. Sie neigte ihren Kopf über das dampfende Getränk und bedeckte ihn mit einem Fell. Im Selbstgespräch murmelte sie vor sich hin. Als sie fertig war, sagte sie: „Du wirst ein Kind bekommen, wenn du ein Kind von der Erde aufhebst und es an dein Herz drückst."

Das Mädchen dankte der Alten für ihren Rat und ging nach Hause. Sie nahm sich vor, alle Kinder, die sie traf, zu beschenken.

„So muß es mir gelingen", dachte sie und verteilte viele kleine Geschenke an die Mädchen und Jungen ihrer Sippe. Laut brüstete sie sich, wie gut sie zu ihnen sei.

Eines Tages besuchte sie ihre Schwester, um mit ihr zu reden. Während sie sprachen, hörten sie plötzlich das Geschrei ihres jüngsten Sohnes, der erbärmlich um Hilfe rief. Schnell eilte die Frau hinzu, um ihre Hilfsbereitschaft zu zeigen, um ihn zu retten und zu trösten, denn er war in eine Lehmpfütze gefallen, aus der er allein nicht wieder herauskommen konnte.

„Du armer Junger!" rief die Frau mitleidig und reichte ihm ihre Hand, um ihn herauszuziehen. Plötzlich bemerkte sie, daß er über und über mit Lehm beschmutzt war, der im nächsten Augenblick auch ihr Fellkleid und ihre Haut zu beschmieren drohte.

„Iiih", schrie sie laut, und entsetzt ließ sie ihn wieder fallen, so daß er sich Arme und Beine wehtat und noch lauter zu schreien begann als zuvor. Die Frau aber rannte davon und beschimpfte das Kind.

Wieder verschwieg sie zuhause, was vorgefallen war, aber noch am gleichen Abend hörte sie ein Geräusch vor ihrer Hütte. Sie öffnete und staunte, denn es war niemand anderes als die weise Alte, die sie zu sprechen wünschte. Wissend lächelte sie und sagte: „Siehst du nun ein, warum du keine Kinder bekommst? Nur Frauen, die wirklich lieben, bekommen Kinder. Du solltest dem Schöpfer danken, daß er dich vor Kindern bewahrt hat!"

Die Frau glaubte ihr, und es war tatsächlich so, daß sie bis ans Ende ihres Lebens mit ihrem Mann allein blieb.

Die Buschmannfrauen und der Vogel Strauß

Vor langer, langer Zeit wurden die Buschmannfrauen vom Vogel Strauß umworben. Sie vernachlässigten ihre Männer, denn keiner von ihnen besaß den süßen Klang der Stimme, mit dem der Vogel Strauß sie umschmeichelte.

Die Buschmänner wurden böse und fragten: „Wieso verlassen uns unsere Frauen, da wir doch für sie sorgen? Sie gehören uns!“

„Der Vogel Strauß“, erklärte der Weiseste und Älteste der Sippe, „hat eine betörende Stimme, der keine Frau widerstehen kann. Er formt seine Töne aus der Lunge und nicht wie wir mit dem Mund.“

Die Buschmänner ärgerten sich. Sie verschworen sich und beschlossen: „Wir werden den Vogel Strauß jagen und töten, ihn in Stücke zerschneiden und seine Lunge herausholen. Wir werden ihn braten und essen, damit auch unsere Stimme so süß wird wie seine.“

Als sie jedoch die Lunge über dem Feuer rösten wollten, warnte der weise, alte Buschmann: „Ihr dürft sie nicht braten, sonst bekommt ihr nie die süße Stimme des Vogels! Ihr dürft sie auch nicht kauen, sondern müßt sie in großen Stücken hinunterschlucken. Nur so werdet ihr Erfolg haben!“

Aber die Männer weigerten sich. Sie brieten das Fleisch, aßen es und ersannen eine List. Als sich das nächste Mal ein Vogel Strauß ihren Frauen näherte, taten sie, als ob sie sich stritten und kämpften. Sie lauerten, bis er sich in den Kampf einmischte und sie ihn fangen und töten konnten. Sein Fleisch aßen sie jedoch nicht selbst. Sie brieten es und gaben es den Frauen, die es mit Genuß verzehrten.

Von nun an bekamen die Frauen nichts anderes mehr zu essen als Straußenfleisch, das sie von Tag zu Tag mehr schätzten. Anstatt ihn zu umschmeicheln, dachten sie bald nur noch daran, ihn zu jagen und sein Fleisch zu essen.

Der Regenstier

Der Regen hatte lange Zeit allein gelebt. Er fühlte sich einsam. „Wenn Sonne, Mond und Sterne, Menschen und Tiere nicht allein bleiben", überlegte er, „so will ich es auch nicht. Ich will mir ein Weib suchen!"

Er verwandelte sich in einen Stier und ging los. Er kümmerte sich nicht mehr um seine Pflichten, und es hörte auf zu regnen. Das Land trocknete aus, nichts konnte gedeihen. Eine große Not kam über Menschen, Tiere

und Pflanzen. Sie hungerten und dursteten.

Der Regenstier scherte sich nicht darum. Auf einer langen Wanderung folgte er einem wunderbaren Duft, der ihn zu einer Hütte brachte, in der eine junge, schöne Frau lag und schlief. Er betrachtete sie erfreut und umhüllte sie mit seiner wohlriechenden Feuchtigkeit, bis sie erwachte. Sie wunderte sich, warum ein Mann in Stiergestalt zu ihr gekommen war. Er sagte: „Du gehörst mir. Du wirst mit mir kommen und wir werden zusammen leben."

Die Frau erschrak. „Niemals werde ich mit einem Stier zusammen wohnen", schwor sie sich. Aber sie war eine kluge Frau und ließ sich nichts anmerken. Sie wollte ihn nicht verärgern.

So stand sie auf und brach heimlich einen Zweig des Wunderstrauches, der ihr später nützlich sein sollte. Sie stieg auf seinen Rücken, und sie ritten fort. Doch bald begann die Frau zu klagen: „Du läufst so schnell und so weit! Ich bin müde, und meine Glieder tun mir weh. Bitte, laß mich im Schatten eines Baumes eine Weile ausruhen."

Der Regenstier dacht an nichts Böses und erfüllte ihren Wunsch. Kaum hatten sie jedoch einen geeigneten Platz erreicht, ergriff die Frau den Zweig des Wunderstrauches und strich über seine Stirn und seinen Rücken. Durch die Kraft des Zweiges wurde er sanft, legte sich nieder und schloß die Augen.

Kaum war er eingeschlafen, floh sie. Sie lief und lief, ohne sich umzusehen, ohne sich auszuruhen. Bis sie unversehrt wieder zu Hause ankam.

Am Abend erwachte der Regen. Durch die Kraft des Wunderstrauches hatte er vergessen, daß er je ein Stier gewesen war, der eine Frau gesucht hatte. Er war wieder Regen. Er entsann sich wider seiner Aufgaben, füllte wieder die Wasserlöcher und gab Menschen und Tieren zu trinken.

Die Buschmänner lobten die junge Frau und bewunderten ihre Klugheit. Sie aber rieb lange ihren Körper, um den Geruch des Stieres zu beseitigen. Haften blieb der Duft des Regens.

Der Affe als Freund der Menschen

Als es im Busch wenig zu essen gab, entstand unter den Tieren ein Streit.
„Die Menschen nehmen uns alles weg! Wenn es so weitergeht, werden wir eines Tages alle verhungern“, klagte das Zebra.
Einige unter den Tieren wollten es nicht glauben, bis der Gepard merkwürdige Dinge berichtete.
„Sie besitzen Waffen“, verriet er, „die schneller sind als ich. Sie sind so

schnell, daß niemand vor ihnen fliehen kann. So schnell sind sie."

„Das könnte wahr sein", überlegte nachdenklich der Springbock. „Als ich einmal mit meinem Vetter im Busch graste, witterte ich plötzlich Menschenduft. Ich konnte mich mit größter Mühe im letzten Augenblick in Sicherheit bringen, aber als ich mich umschaute, sah ich meinen Vetter fallen. Ich wußte nicht, was geschehen war. Aber er ist nie wieder zu uns zurückgekehrt, so sehr wir auch nach ihm gesucht haben."

„Wie schrecklich", grauste sich das Gnu. „Auch in unserer Familie ist es ähnlich ergangen. Von Zeit zu Zeit verschwindet einer von uns, und wir wissen nicht wohin. Was machen die Menschen mit uns?"

„Sie fressen euch", gab der Löwe Auskunft. Er selbst hatte viele Tiere gejagt und gefressen, aber nun, da die Not so groß war, schlug er vor:

„Alle Tiere sollten sich versammeln und gemeinsam beraten, was gegen die Menschen zu tun sei. Ruft alle Tiere des Buschwalds zusammen!"

So geschah es. Nach allen Richtungen zogen Tiere durch das Buschland, die Vögel flogen durch die Lüfte und luden alle Tiere zu dem großen Treffen ein.

Endlich war es soweit. Von weither kamen sie herbei, setzten sich in einer großen Runde zusammen, und der Löwe, der König der Tiere richtete das Wort an sie:

„Willkommen! Ich freue mich, daß ihr euch die Mühe gemacht habt, herzukommen. Ich habe euch rufen lassen, denn es gibt keinen Ausweg, wenn wir nicht alle sterben wollen. Ich als euer König fühle mit verantwortlich und möchte gemeinsam mit euch einen Weg finden, die Menschen zu besiegen, bevor sie uns besiegen!"

„Aber wie?" riefen die Tiere.

„Zuallererst möchte ich mit euch Frieden schließen", versprach der Löwe feierlich. „Ich werde niemanden von euch auffressen, solange unser Vertrag gilt. Das gleiche müßt ihr euch gegenseitig auch versprechen."

Er machte einen so freundlichen und ehrlichen Eindruck auf die Tiere, daß niemand zu widersprechen wagte, und so leisteten sie einen Eid, sich in Zukunft einander nichts Böses zu tun.

„Friede!" rief der Löwe.

„Friede!" stimmten alle Tiere ein.

„Und den Menschen der Krieg!"
„Und den Menschen der Krieg!"
„Aber wie?" riefen die Tiere wieder. Da hatte der Löwe eine Idee.
„Ich habe gesehen, daß die Menschen auf zwei Beinen gehen. Von uns Tieren kann das nur der Affe. Affe, du bist den Menschen am ähnlichsten. Es wird dir nicht schwerfallen, sie zu beobachten und zu belauschen. Du wirst alles lernen, was sie tun. Dann wirst du uns berichten, und dann werden wir sie mit ihren eigenen Waffen bekämpfen."

Der Affe war einverstanden, und so schlich er sich am nächsten Tag in die Nähe der Menschen. Er sah zu, wie sie lebten, wie sie schliefen, wie sie kochten, wie sie aßen, wie sie jagten, wie sie feierten, wie sie ihre Waffen herstellten. Er sah alledem zu, und am Abend versuchte er, es nachzumachen. Es gelang ihm mit jedem Mal besser, bis er eines Tages selbst die Lebensgewohnheiten der Menschen annahm.

Er lernte auch ihre Sprache, so daß er verstehen konnte, was sie zueinander sagten. Er lernte viel, und das war ihm gerade recht, denn er wollte viel lernen.

Eines Abends, als er sich wieder in der Nähe der Hütten versteckt hatte, belauschte er ein Gespräch, das zwei Buschmänner beim Feuer miteinander führten:

„Wir dürfen nicht aufgeben", sagte der eine, „sonst sind wir bald alle verhungert. Ich weiß, es besteht wenig Aussicht, Wild in dieser Trockenheit zu fangen. Aber wir werden es trotzdem versuchen."

„Dann müssen alle Männer unserer Sippe morgen mit ausziehen", erwiderte der andere. „Wir werden jede Mühe auf uns nehmen, bis wir genug erlegt haben. Wir werden auf Jagd gehen, um viel Fleisch nach Hause zu bringen."

„So ist es recht!" gab der erste zurück, und sie gingen zu den anderen, um ihnen von ihrem Plan zu erzählen.

Der Affe, der alles mitangehört hatte, bekam einen Schrecken. „Ich muß die Tiere warnen," fuhr es ihm durch den Kopf. Er dachte an die Abmachung und den Bericht, auf den alle ungeduldig warteten. Aber als er sich ausmalte, was mit den Menschen geschehen würde, wenn sie wieder nichts zu essen bekämen, beschlich ihn ein merkwürdiges Gefühl.

„Ich spreche die Sprache der Menschen und lebe wie sie“, überlegte er. „Und da soll ich die Tiere vor ihnen beschützen?“ Er dachte und dachte, aber er fand die richtige Antwort nicht, und bald darauf wußte er selbst nicht mehr, ob er Mensch oder Tier war.

So kam es, daß er nie zu der Versammlung zurückging, und die Menschen die Tiere weiter jagten. Die Tiere aber wurden des Wartens überdrüssig, und so jagten sie sich bald auch wieder gegenseitig, bis auf den heutigen Tag.

Der rettende Honigvogel

Zwei Buschmannbrüder gingen auf die Jagd. Sie hatten Hunger und hofften, viel Wild zu schießen. Der ältere von ihnen war ängstlich und feige, während der jüngere tapfer und mutig war.

Bei ihrem Streifzug durch den Busch entdeckten sie ein großes Tongefäß. „Faß es nicht an", warnte der furchtsame Bruder, „vielleicht ist es verhext!" Aber der Jüngere war neugierig.

Wie erstaunt war er, als ein altes Buschmannweibchen hervorkam!

Ohne sich umzuschauen, krächzte die Frau: „Komm mit!“ Wieder verkroch sich der eine ängstlich, aber der andere folgte ihr. Sie gingen auf ein Loch in der Erde zu und befahl: „Grabe!“ Der Buschmann grub, und mit dem ersten Spatenstich sprang ein Böckchen heraus. Beim zweiten eine Ziege, dann ein Hase, ein Stachelschwein, ein Kudu und ein Zebra, eine Schildkröte und ein Hornvogel. „Sie sind für dich“, schnarrte die Alte. Und sie verschwand so schnell, als hätte sie sich aufgelöst.

Der Buschmann freute sich sehr und rief nach seinem Bruder. Endlich würden sie genug zu essen haben.

Auf ihrem Heimweg — die Tiere folgten ihnen — hörten sie tief in einer Schlucht eine Quelle rauschen. „Ich habe Durst“, sagte der jüngere Bruder. „Laß mich an einem Seil hinunter und warte auf mich.“ Doch kaum war er unten, da ließ der ältere Bruder das Seil los, so daß es für den anderen keinen Rückweg mehr gab. Dann trieb er die Tiere der alten Frau nach Hause und log seiner Sippe vor, der kleine Bruder sei weitergezogen, um noch mehr Wild zu fangen. Er war sicher, ihn nie wiederzusehen.

Am nächsten Morgen wurden die Buschmänner vom Gesang des Honigvogels geweckt. Ein Bienennest mußte in der Nähe sein! Aufmerksam beobachteten sie den Weg des Vogels und folgten ihm. Als er über der Schlucht wild auf- und abflatterte, jedoch weit und breit keine Bienen zu sehen waren, wunderten sie sich.

Da hörten sie aus der Tiefe der Schlucht einen Hilferuf, und sie erkannten die Stimme des vermißten Buchmanns. Schnell ließen sie ein Seil hinunter, an dem er sich hochzog. Sie dankten dem Honigvogel, ohne dessen Hilfe er verhungert wäre.

Als die Männer nach Hause kamen und den älteren Bruder für seine Tat bestrafen wollten, war er verschwunden. Aus Angst vor der Rache seiner Sippe war er geflohen und lebte von nun an allein in den Bergen.

Er kehrte nie wieder zurück.

Die Flucht der Buschmannmädchen

Eine Sippe beschloß, ihren Standort zu wechseln. Alle Beeren und Wurzeln der Gegend waren weggegessen, es gab kaum noch Wild. Sie hatten keine andere Wahl. Die jungen Mädchen jedoch wollten nicht mit.

Unter der glühenden Sonne murrten sie: „Es ist zu heiß! Es ist zu weit! Wir haben zuviel zu tragen!“ Da blieben die Mädchen bald hinter der Sippe zurück, und sobald sie sicher waren, daß sie niemand mehr beobachtete, liefen sie den gleichen Weg zurück zu ihren alten, verlassenen Hütten. Sie waren jedoch kaum angekommen, als sie laute, rauhe Stimmen auf sich zukommen hörten. Fremde Buschmänner waren es. Jeder suchte sich ein Mädchen aus, das er mit in die Berge nehmen wollte, das ihm gehören sollte, das für ihn kochen und sorgen würde.

Sie beauftragen einen alten Mann, Wache zu halten, während sie auf Jagd gingen, um Wild für den Weg zu schießen. Doch der Mann war schwach. Er wurde schnell von den Mädchen überlistet und durch den Duft des Wunderstrauches eingeschläfert. Sie flüchteten. Sie liefen und liefen, um ihre Sippe wieder einzuholen. Doch schon bald hörten sie wieder die Stimmen der fremden Männer hinter sich, die versuchten, sie wieder einzufangen.

„Wir schaffen es nicht“, jammerten die Mädchen, „wir müssen uns verstecken!“ So verkrochen sie sich in eine Höhle. Aber ihre Spuren waren frisch, und bald kamen die Männer zu dem Eingang der Höhle. Sie ahnten, daß die Mädchen sich dort versteckt hatten, trauten sich aber nicht hinein. Sie warteten. Aber sie waren ungeduldig und murrten: „Es ist langweilig zu warten. Wir sollten unsere Waffen vor die Höhle legen und uns vergnügen. Wenn wir zurückkommen, werden wir sehen, ob die Mädchen wirklich hier waren. Sie würden die Pfeile mitnehmen.“

So geschah es. Als die Buschmannmädchen in der engen Höhle kaum noch atmen konnten, krochen sie hervor. Sie freuten sich über die Waffen und rannten mit ihnen davon. Doch wieder waren ihnen die Männer schnell auf den Fersen.

Einer von ihnen lief besonders schnell und ließ die anderen weit hinter sich zurück. „He“, riefen sie argwöhnisch, „komm zurück! Die Mädchen und die Waffen gehören uns allen!“ Aber er hörte nicht auf sie. Da schossen sie ihm einen Pfeil ins Bein. Nun konnte er nur noch langsam vorwärtskommen, und bald hatten sie ihn eingeholt. Einige schlugen auf ihn ein und nannten ihn einen Dieb, bis einer von ihnen umkehrte und zu seiner Sippe zurückging; langsam und zögernd folgten ihm die anderen.

Die Mädchen erreichten unterdessen ihre Sippe. Sie wurden wieder aufgenommen und versprachen, nie wieder allein fortzulaufen.

Die feuerfeste Wühlmaus

Der dumme Hornvogel und die dicke Wühlmaus hatten Streit. Jeder behauptete, den anderen an Ausdauer zu übertreffen. „Ich kann eine ganze Woche lang hungern", behauptete die Wühlmaus. „Und ich kann lange ohne Wasser sein", entgegnete der Hornvogel.

„Ich kann Feuer aushalten", prahlte die Maus, und der dumme Hornvogel plapperte nach: „Das kann ich auch!"

Die anderen Tiere hatten ihren Spaß an dem Streit. „Ihr müßt es ausprobieren!“ schlugen sie vor. „Wir graben ein Loch, und ihr macht die Feuerprobe.“ „Gut“, stimmte der Hornvogel zu. „Gut“, piepste auch die Wühlmaus, „nur möchte ich darum bitten, die erste zu sein.“

Noch bevor die Sonne unterging, gruben sie ein tiefes Loch und trugen Zweige und trockene Blätter für den nächsten Morgen zusammen. In der Nacht, als alle Tiere schliefen, schlich die kluge Wühlmaus leise in das vorbereitete Loch. Sie buddelte und kratzte und schabte einen langen Gang bis zu ihrem Bau. Den Eingang tarnte sie mit Gräsern.

Bei Sonnenaufgang erschien sie gutgelaunt, und alle Tiere bewunderten ihren Mut. Sie kletterte in das Loch und ließ sich mit Ästen und Blättern bedecken. Und als sie das Knistern und Knacken der Zweige hörte, als es wärmer und wärmer um sie wurde und sie sicher sein konnte, daß niemand sie mehr sah, verschwand sie in ihrem geheimen Gang. Sie kam erst wieder hervor, als die Asche kalt war.

Die Tiere staunten gewaltig, als die Maus wohlbehalten und vergnügt aus der Asche stieg.

„Lang lebe die feuerfeste Wühlmaus!“ riefen die Tiere begeistert. Nun war der Hornvogel an der Reihe. Die Maus sagte: „Ich finde es ungerecht, daß mein Gegner in das gleiche Loch steigen soll. Er ist größer als ich! Laßt uns ein neues, größeres Loch für ihn graben.“ So geschah es.

Alle Tiere beobachteten neugierig, wie der Hornvogel in das Loch stieg. Zweige und Äste wurden auf ihn geschichtet und das Feuer entfacht. Der Rauch stieg zum Himmel. Nur mit größter Mühe konnte der Hornvogel dem Feuer entkommen, doch sein schöner langer Schwanz war verbrannt.

Der rettende Bienenschwarm

Ein Buschmannjunge lebte allein mit seiner Schwester in einer Felsenhöhle. Sie waren von ihrer Sippe fortgelaufen und wollten nicht entdeckt werden. Tag und Nacht blieben sie zusammen, damit einer den anderen beschützen konnte. Eines Tages ging der Junge allein zur Jagd, weil sie nichts mehr zu essen hatten.

Das Mädchen kochte sich eine Suppe. Durch den Duft wurden zwei

Hyänen angelockt, die ihre Hälse reckten und schnupperten. Sie schmiedeten einen Plan: „Eine raubt das Mädchen, die andere paßt auf, daß der Bruder nicht vorzeitig zurückkommt."

Die jüngere Hyäne versteckte sich im Busch und rief: „Ich bin dein Bruder. Ich bin zurück von der Jagd. Laß mich hinein."

„Du bist nicht mein Bruder", antwortete das Mädchen, „du hast eine häßliche, heisere Stimme, geh fort!"

Die beiden Hyänen überlegten. „Beschmiere deine Kehle mit Honig", riet die ältere, „dann wird deine Stimme so zart sein wie die der Buschmänner." Da ließ das Mädchen sich täuschen.

Die Hyänen zerrten das Mädchen aus der Höhle, schleppten es weg, ohne zu bemerken, daß das Mädchen den ganzen Weg über Asche gestreut hatte, und stopften es in einen Sack. Dann gingen sie fort, um Feuerholz zu sammeln.

Währenddessen war der Bruder von der Jagd zurückgekehrt. Er hatte kein Wild geschossen, dafür aber einen Bienenschwarm eingefangen. Als er nun die Höhle verlassen vorfand, ahnte er bald, was geschehen war. Er fand die Aschenspur, nahm seinen Bienenschwarm und ging, so schnell er konnte, zur Behausung der Hyänen. Er befreite seine Schwester aus dem Sack und tat die Bienen hinein.

Als die Hyänen zurückkamen und den Sack öffneten, um ihre Beute zu holen, stürzten sich Hunderte von aufgebrachten Bienen auf sie. Sie stachen die Hyänen, die schließlich so anschwollen, daß sie nicht mehr aus ihren Augen sehen konnten.

Warum der Mond am Himmel wohnt

Vor langer, langer Zeit war der Mond noch ein Buschmann. Er lebte im Feld und suchte sich tagsüber Knollen und Wurzeln zum Essen und er schlief allein in seiner Hütte aus trockenem Gras.

Eines Tages kam ein Buschmann und fragte erstaunt: „Warum lebst du hier so einsam ohne Sippe?“ „Ich kenne niemand, der mich aufnehmen würde“, erwiderte der Mond, „aber du hast recht, es wäre besser, nicht allein zu sein und Frau und Kinder zu haben." Und er seufzte tief.

Der Buschmann hatte Mitleid mit ihm und zeigte ihm den Weg zu einer Sippe auf der anderen Seite des Flusses. Der Mond ging zu ihnen und bat, die älteste Tochter heiraten zu dürfen. Die Leute betrachteten ihn zögernd und flüsterten: „Noch nie haben wir einen so häßlichen Buschmann gesehen. Sein Kopf ist kugelrund, er hat weder Nase noch Ohren, und Augen scheint er auch nicht zu besitzen."

„Ich sehe Augen", flüsterte die Mutter des jungen Mädchens. „Ich glaube, sie sitzen auf den großen Zehen, wo sonst die Fußnägel wachsen. Ich werde mir eine List ausdenken um herauszufinden, ob es so ist."

„Komm, Sohn", schmeichelte sie darum freundlich, „geh mit uns auf Knollensuche. Grabe sie aus und röste sie, damit ich sehe, ob du meine Tochter ernähren kannst." Den ganzen Tag sammelte der Mond Wurzeln und Knollen, und am Abend entzündete er ein Feuer. Die alte Frau tat, als wollte sie helfen, verschüttete aber glühende Funken über seine Füße.

„Au, meine Augen", schrie der unglückliche Buschmann, „du hast meine Augen verbrannt!" Er war überlistet worden von der Alten, die kreischte: „Du häßliches Wesen. Wie kannst du es wagen, mit diesem Gesicht, das überhaupt kein Gesicht ist, meine schöne Tochter heiraten zu wollen! Scher dich fort!"

Traurig kehrte er zurück in seine Hütte und er brannte auf Rache. Niemand durfte sich ungestraft über ihn lustig machen! So ersann auch er eine List. Am nächsten Morgen bedeckte er seinen Kopf mit einem Ziegenfell, so daß sein Gesicht nicht zu erkennen war, überquerte den Fluß und bat noch einmal, das schöne Mädchen heiraten zu dürfen. Ihr gefiel der mutige und kräftige Buschmann, und so feierten sie bald Hochzeit. Unter seinem Ziegenfell versteckt, sah er seine junge Frau an und war glücklich, nicht mehr allein in seiner Hütte zu leben.

Nur die Mutter wunderte sich, warum der Fremde sein Gesicht verhüllte. Sie wurde neugierig. Als sie ihn nach alter Sitte mit geweihtem Wasser wusch, riß sie ihm plötzlich das Fell vom Kopf. Wie erschrak sie, als das häßliche Gesicht ohne Mund, Nase und Ohren zum Vorschein kam!

Durch ihr Geschrei stürzten alle Männer herbei und sie klagte über den Betrug. Böse schlugen sie auf ihn ein, bis einer von ihnen blind vor Wut einen knolligen Knüppel ergriff und ihm einen so gewaltigen Schlag versetzte, daß der runde Kopf in den Himmel flog. Dort blieb er stehen. Er kam nie wieder zurück.

Die Menschen nennen ihn Mond. Immer, wenn er groß und rund ist, setzt er seine Augen ins Gesicht, um auf das schöne Mädchen herabzusehen. Manchmal ist er traurig über seine junge Frau, die unerreichbar für ihn bleibt. Er weint bittere Tränen, und am Ende solcher Nächte ist das Feld mit Tau bedeckt.

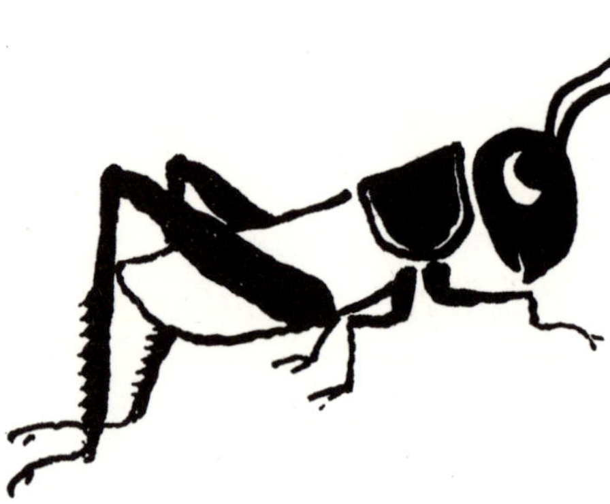

Warum die Buschmannkinder und die Löwenkinder nicht mehr miteinander spielen

Vor langer, langer Zeit, als die Buchmannkinder und die Löwenkinder noch miteinander spielten, ging ein Buschmann zum Sammeln von Wurzeln und Knollen ins Feld. Er wunderte sich über eine Tierherde, die an ihm vorbeilief und fragte: „Warum habt ihr es so eilig? Wohin wollt ihr?" „Der große, schwarze Elefant ist gestorben", antworteten sie, „wir holen sein Fleisch." Und sie rannten weiter. Da wurde der Buschmann neugierig und lief hinterher. Die Tiere boten ihm eine Elefantenrippe an, aber er wollte sie nicht. Als ihm ein Stück aus der Lende angeboten wurde, zögerte er, aber dann gab er sie auch zurück. Doch als man ihm das Herz gab, nahm er es, um es seiner Frau zu bringen.

Unterdessen spielten die Buschmannkinder mit den Löwenkindern. Sie fragten: „Woher seid ihr eigentlich so fett und rund und gesund?"

„Weil unser Vater jeden Tag Fleisch nach Hause bringt. Er fürchtet sich vor niemandem", antworteten die Löwenkinder.

Als der Buschmannvater davon hörte, schmiedete er einen Plan. „Wenn Löwen Fleisch fressen und davon stark werden, dann will ich das auch!" beschloß er. Da er aber noch nicht jagen konnte, beobachtete er am nächsten Morgen den Löwen, wie er schwer beladen mit Fleisch von der Jagd zurückkehrte.

Er versteckte sich hinter einem Busch, holte eine Art Flöte hervor und blies schaurige Töne, die weit durch den Busch hallten. Erschrocken ließ der Löwe seine Beute fallen und floh.

Der Buschmann röstete das Fleisch und aß es mit seiner Familie, der es noch nie so gut geschmeckt hatte. Am nächsten Tag ging es ebenso, und am übernächsten und überübernächsten auch.

Jeden Tag bekam der Löwe größere Angst: er wußte nicht, woher die entsetzlichen Töne kamen, die ihn verfolgten. Seine Kinder wurden immer dünner und blasser.

„Warum seid ihr auf einmal so fett, obwohl ihr doch sonst immer so mager ward", fragten die Löwenkinder die Buschmannkinder. Die aber waren dumm und unvorsichtig. Sie antworteten:

„Wir essen jeden Tag das Fleisch, das euer Vater wegwirft, wenn unser Vater ihn erschrickt!"

Kaum hatte der Löwenvater das gehört, stieß er ein wütendes Gebrüll aus. „Dem werde ich es zeigen!" schwor er. Am nächsten Tag, als er wieder die schrillen Töne hörte, stellte er sich taub und brachte sein Fleisch sicher nach Hause. Nachdem alle satt waren, forderte er von seinen Kindern: „Morgen spielt ihr nicht mehr mit den Buschmannkindern, ihr werdet ihnen zeigen, wer der Stärkere ist."

Am nächsten Tag fingen sie ein Kind, schleppten es fort und töteten es.

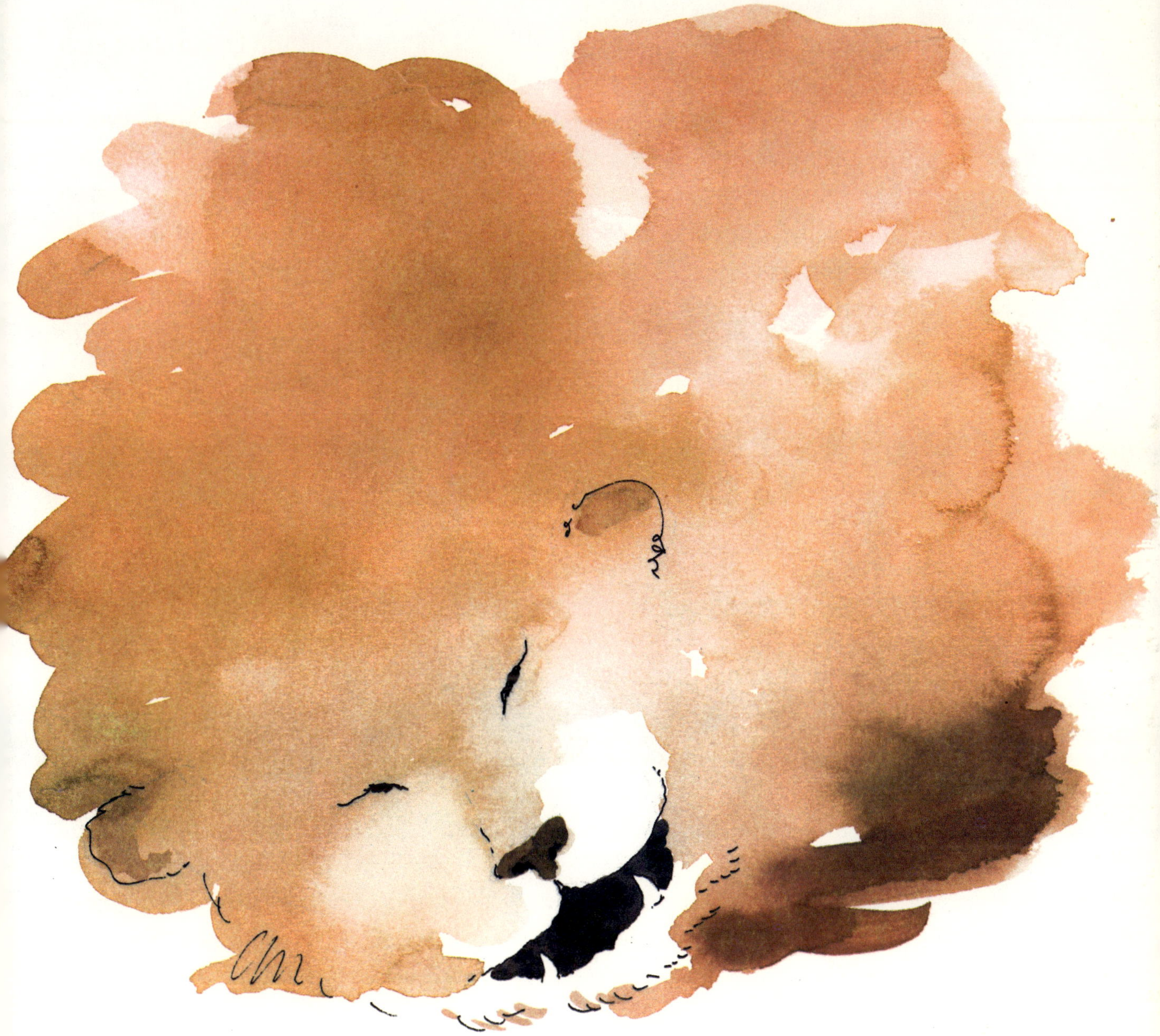

Als der Buschmann das sah, wurde er sehr traurig, aber auch sehr böse. Zu seiner Frau sagte er: „Heute abend werden wir ein Fest geben. Wenn der Löwe eintrifft, mußt du sofort singen und tanzen."

Sie tanzten und sangen und gaben sich fröhlich. Dann schlug der Buschmann vor: „Jetzt zeigen wir Männer euch Frauen, wie man richtig tanzt. Komm, Löwe! Zeige dich in deiner ganzen Schönheit!" Und als der Löwe sich reckte und streckte, nahm der Buschmann seinen Speer und tötete ihn mit einem Stich ins Herz.

Seit dem Tag spielen Buschmannkinder und Löwenkinder nicht mehr zusammen.

Die verschwundenen Buschmannmädchen

Ein Buschmannmädchen sammelte allein Zwiebeln und Knollen. Es traf fremde Männer, die freundlich zu ihm waren. Sie halfen ihm, bis der Sack voll war und es nach Hause gehen wollte. „Komm morgen wieder!“ baten die Männer, „und bringe auch die anderen Mädchen mit. Aber erzähle nichts von uns.“

Am nächsten Tag gingen ihre Freundinnen mit. Die jüngste und klügste fragte verwundert: „Woher kommen hier die vielen Spuren im Sand?" „Das sind meine Spuren", log das Mädchen. Das jüngste aber glaubte ihr nicht. Es beobachtete den Busch, und als es ein Loch des Ameisenbären entdeckte, merkte es sich vorsichtshalber den Eingang.

Dann sah es die Männer. Es hörte leise Stimmen. „Hört ihr die Stimmen nicht?" warnte das jüngste Mädchen. Aber die anderen lachtes es aus. Wie im Traum begannen sie nach einer wunderschönen Flötenmelodie zu tanzen, die aus dem Busch drang. Da tanzte auch das jüngste. Aber es band gleichzeitig seinen Fellmantel mit dem seiner Schwester zusammen, und als der Tanz immer wilder wurde, zog es sie heimlich mit sich fort. Sie flohen.

Die ältere Schwester mußte vorangehen, und sie folgte rückwärtsstapfend in ihren Fußspuren. So erreichen sie die Höhle des Ameisenbären und versteckten sich darin. In der Ferne hörten sie die anderen Mädchen mit den Männern lachen und tanzen und singen. Bis es ganz plötzlich still wurde.

Die Männer hatten die Flucht entdeckt und folgten ihren Fußspuren. Sie waren verwirrt. Sie endeten und begannen vor der Höhle! Warum führten sie dorthin und gleichzeitig zurück? Als der erste Buschmann hineinsah, kniffen ihn die beiden Mädchen in die Nase, und er behauptete erschrokken: „Hier können sie nicht sein!" Ein zweiter wollte sich überzeugen. Aber die Mädchen hielten Spinnweben vor seine Augen, und er wiederholte: „Hier sind sie nicht!" Der dritte steckte seinen Kopf tief in die Höhle hinein. Ihm klebten die Mädchen die Augen mit dem Saft eines Baumes zu, und alles um ihn herum wurde schwarz.

Dann meckerten und lachten sie wie die Hyänen, und von ihrer Höhle klang es tausendfach zurück. Den Buschmännern lief ein Angstschauer über den Rücken und sie flohen, als sei der Leopard hinter ihnen her. Die beiden Schwestern gingen unversehrt nach Hause, aber die anderen wurden nie wieder gesehen.

Der Buschmann und die Löwenmutter

Als die Buschmänner einen ganzen Tag erfolglos gejagt hatten und müde wurden, sagte der stärkste unter ihnen: „Kehrt ihr zu euren Hütten und zu euren Familien zurück. Ich werde allein weiterjagen."

Er ging in den Busch. Da sah er einen Springbock in einiger Entfernung äsen. Er legte seinen Bogen an und zielte, aber sein Pfeil verletzte das Tier nur, das in mächtigen Sätzen floh und bald aus seinen Augen verschwand.

So sehr der Jäger auch suchte, er konnte es nicht finden. Am nächsten Morgen beobachtete er die Geier. Er folgte ihren Kreisen und gelangte so tatsächlich zu dem Springbock, der während der Nacht der Verletzung erlegen war. Der Buschmann zog ihm das Fell ab und zerlegte ihn, lud einen großen Teil auf seinen Rücken und schleppte ihn zu seiner Hütte. „Holt euch den Rest", rief er den anderen Buschmännern zu.

Sie freuten sich über das Fleisch. Als sie jedoch zu der Stelle kamen, fanden sie den Löwen dort, der seinen Bauch füllte. Er knurrte sie drohend an, und sie flohen.

Nur der Jäger, der das Tier geschossen hatte, war nicht ängstlich. Er jagte dem Löwen einen Pfeil mitten durch sein Herz. Dann trug er den Rest des Fleisches fort. In seiner Hütte merkte er, daß er seinen Speer vergessen hatte. Also kehrte er ein drittes Mal zu dem Platz zurück, wo inzwischen die Löwenmutter ihren toten Sohn beklagte. „Ich habe meinen Speer vergessen", sagte er zu der Löwenmutter. Ruhig antwortete sie: „Da liegt er. Nimm ihn dir."

Als sich der Buschmann jedoch bückte, um ihn aufzuheben, stürzte die Löwin sich auf ihn und biß ihm die Kehle durch.

Die listige Alte

Die alte Buschmannfrau lag verlassen und hungrig in ihrer Hütte. Sie war seit vielen, vielen Tagen allein, fühlte sich schwach und konnte sich nichts zu essen besorgen. Ihre Söhne waren zur Jagd ausgezogen und hatten die Hütte offen gelassen, um die Sonnenstrahlen hereinzulassen.

Als es Abend und dunkel wurde, näherte sich der Hütte eine Hyäne. Sie trat ein. „Weib", sagte sie, „ich habe Hunger wie du, aber ich bin stärker als du, und so werde ich dich fressen!" Sie ergriff die Alte, zerrte sie nach draußen und wollte sie gegen den Felsen schmettern, um sie zu töten.

Die Frau war schwach, aber sie war auch schlau und listig. Sie nahm das Fellkleid von ihren Schultern und warf es über den Kopf des Tieres. Die Hyäne schrie vor Schreck auf, raste davon und stieß in ihrer Wut blind gegen den Felsen. Ihr eigener Kopf und ihr Leib wurden zerschmettert.

Die alte Frau holte sich das Fleisch der Hyäne, briet es und aß es und hatte so keinen Hunger mehr.

Die Macht des Regens

Eines Tages wollte der Regen heiraten. Er kam als Buschmannfrau auf die Erde und wählte den Elefanten. Die Hochzeit wurde gefeiert, und einige Zeit lebten die beiden glücklich zusammen.

Doch bald begannen sie zu streiten, denn jeder wollte dem anderen zeigen, wie wichtig er sei. „Ich kann Bäume ausreißen, Steine schleppen, ich kann den ganzen Busch leerfressen, und kein Tier wagt es, sich mit mir anzulegen. Ich bin der Stärkste!“ prahlte der Elefant. Und um zu beweisen, daß er nicht nur angab, entwurzelte er mit seinem Rüssel einen dicken Baum, der krachte und ächzte und splitterte.

„Aber alles, was lebt“, warf die Frau bescheiden ein, „lebt durch mich“ Sie ärgerte sich, daß ihr Mann sich so auffällig benahm, und sie dachte daran, ihn mit einem Blitz zu erschlagen. Aber da fiel ihr Blick auf die welkenden Blätter des entwurzelten Baumes, und sie überlegte sich, wie sie ihn härter bestrafen könnte.

Der Elefant legte ihre Nachdenklichkeit falsch aus. „Sie sieht langsam ein, daß ich der Stärkere bin“, freute er sich. Er trompetete laut und triumphierend, damit alle Tiere angelockt wurden. „Ich werde allen zeigen, daß sogar meine Frau Angst vor mir hat!“

Da hielt die Frau Regen es nicht mehr aus. „Dein großes Mundwerk wird eines Tages dein Tod sein!“ rief sie ihm ärgerlich zu und ging fort. Dem Elefanten war das auch recht.

„Geh nur“, brummte er, „ich brauche dich nicht!“
Er wußte allerdings nicht, daß sie alle Feuchtigkeit mit sich nehmen würde. Alles Wasser verschwand, alle Wurzeln trockneten aus, keine Baumrinde hatte mehr Wasser.

Der Elefant lief von Baum zu Baum, von Tümpel zu Tümpel; aber je weiter er lief, desto trockener wurde seine Kehle, bis er auch nichts mehr essen konnte. Seine Haut schrumpfte zusammen, und er legte sich erschöpft unter einen Baum und stöhnte.

Ein Hahn spazierte vorbei. „Was ist los mit dir?“ krähte er. „Geh zu meiner Frau und bitte sie, mich zu retten.“ Aber die Frau Regen wollte nicht. Sie schrie ihn so laut an, daß der Hahn vor Angst wegrannte. Da befahl der Elefant der Krähe, seine Frau zu bewegen, ihn vor dem Tode zu erretten. Sie krächzte: „Frau Regen! Ich bin gekommen, die Frau des starken, starken Mannes zu holen!“ Doch Frau Regen haßte diese Worte, und sie spaltete den Baum, auf dem die Krähe saß. Erschrocken flatterte die auf, setzte sich jedoch auf einen anderen Baum und wiederholte ihre Bitte. Wieder sauste der Blitz in den Stamm. Erst als sie zum dritten und vierten Mal und immer wieder bettelte, sagte sie grollend: „Na gut, fliege zurück und sage meinem Mann, daß ich komme.“

Sie hüllte sich in eine schwarze Decke und erfüllte die Luft: Es regnete! Der Elefant trank und trank, bis er ganz voll war. Bald hatte er sich wieder erholt, er konnte wieder stehen! Aber er konnte sich nicht überwinden, seiner Frau zu danken.

Sie ärgerte sich so sehr darüber, daß sie ihn nie, nie wieder sehen wollte.

Der Elefant und die Schildkröte

Als im Busch lange Zeit kein Regen gefallen war, und alle Tiere nach einer Quelle suchten, um ihren Durst zu löschen, fand der Elefant aber doch eines Tages ein Wasserloch. Er trompetete triumphierend und ließ das langersehnte Wasser durch seinen Rüssel fließen. Als die anderen Tiere ihn fanden und auch trinken wollten, gebot der Elefant: Dieses Loch habe ich gefunden! Es gehört mir allein!"

Er beauftragte die Schildkröte, seinen Besitz zu bewachen, während er zum Fressen in den Busch zog. „Laß niemanden heran“, warnte er. „Zur Belohnung darfst du als einzige von meinem Wasser trinken.“

Aber die Schildkröte hatte zwar einen harten Panzer aber ein weiches Herz. Als nacheinander Hasen, Böckchen, Giraffen, Vögel, Schlangen und Stachelschweine halbverdurstet ankamen, versteckte sie ihren Kopf unter ihrem Panzer und tat, als sähe sie nicht, wie das Wasser immer weniger wurde.

Als der Elefant zurückkam und nur noch ein leeres Sandloch vorfand, schrie er: „Was bist du für ein schlechter Wächter. Ich sollte dich bestrafen!“

Die Schildkröte sagte mutig: „Die anderen Tiere waren auch durstig.“ Der Elefant wurde noch zorniger. Er trompetete laut, ergriff die Schildkröte mit seinem Rüssel, wirbelte sie in der Luft herum — und verschlang sie. Alle Tiere sollten sehen, wer der Herr war! „Der Elefant hat die Schildkröte verschlungen“, wisperten die Tiere, die von dem Wasser getrunken hatten, ängstlich.

Doch die Schildkröte war zwar klein, aber sie war auch listig. Im dicken, dunklen Bauch streckte sie ihre Krallen, schärfte sie und kratzte und kniff, bis der Elefant vor Schmerzen stöhnte und rief: „Du tust mir weh! Komm heraus!“ „Ich denke nicht daran“, antwortete sie, „du wirst mich fangen und tottrampeln.“ Und sie kratzte und kniff noch stärker. „Au, au, au, du bringst mich um! Steig heraus und lauf fort, aber laß mich in Ruhe!“ bettelte der Elefant.

„Du kannst schneller laufen als ich und wirst mich bald einholen“, kam es aus dem Bauch zurück. Und die Schildkröte kratzte und kniff, bis der Elefant sich vor Schmerzen wandt und auf die Erde legte. Da kletterte die Schildkröte heraus, und alle Tiere riefen: „Die kleine Schildkröte hat den großen Elefanten besiegt!“

Das große Wasser

Eine Pavianmutter, eine Giraffenmutter und eine Schakalmutter waren die einzigen Tiere, die sich vor einem großen Regen auf einen Berg retteten und überlebten. Sie beklagten ihr Schicksal und weinten um ihre ertrunkenen Kinder. „Wären wir doch auch umgekommen", schluchzte die Schakalmutter. „Wenn ich nur meine prallen Brüste leeren könnte!" klagte die Pavianmutter.

Die Giraffenmutter überlegte: „Nur der Mond kann uns retten. Er macht das Wetter. Wir müssen versuchen, ihn zu finden, und ihn um Hilfe bitten." Die anderen waren einverstanden und warteten, bis die Sonne unterging.

Die Giraffe reckte ihren Hals, die Pavianmutter putzte ihre Augen blitzblank, und die Schakalmutter stimmte ihre Stimmbänder, um ihr Schicksalslied zu singen. Der Mond fand sie und hörte ihnen aufmerksam zu. „Ihr müßt warten, bis das Wasser wieder zurückgelaufen ist", sagte der Mond. „Aber ich werde euch ein kleines Tier schicken, das eure Milch saugt. Gebt ihm genug zu trinken, dann wird es groß und stark werden."

Damit verrschwand der Mond wieder hinter einer Wolke. Vor ihnen lag das kleine Tier. Wie der Mond ihnen geraten hatte, boten sie ihm ihre Zitzen an, die er gierig leertrank.

So geschah es nun jeden Tag. Das fremde Geschöpf blieb bei ihnen und wurde mit jedem Tag kräftiger. Vom Schakal bekam es die Klugheit, vom Pavian erhielt es die scharfen Ohren und Augen, und von der Giraffe nahm es den stolzen, aufrechten Gang an. Als es größer wurde, ernährte es sich mit der Giraffe von den Pflanzen, teilte das Fleisch mit dem Schakal und sammelte Nüsse, Beeren und Wurzeln mit dem Pavian.

Es lebte von nun an im Feld und nannte sich Buschmann.

Nachwort
Über die Buschmänner

Vor langer, langer Zeit, als die ersten Buschmänner die Erde bewohnten, konnten alle Wesen der Schöpfung reden. Sonne, Mond, Regen, Tiere und Menschen waren eine große Familie; sie nannten sich „die frühe Rasse". Viele von ihnen starben und lebten danach im Himmel. Zahlreiche Sternbilder wurden nach Tieren benannt. So erzählten sich ihre Nachfolger auf der Erde die Geschichten ihrer Ahnen.

Buschmänner — das sind die unverkennbaren, zwergartigen, gelblichen oder auch rötlich-braunen Menschen, die heute das südliche Afrika bewohnen; höchstens noch 40 000, die letzten ihrer Art. Die Wüste schien für sie geschaffen zu sein und sie für die Wüste. Und doch leben sie nicht aus freiem Willen in diesem ungastlichen Gebiet, sondern sie sind durch für sie unabwendbare Umstände dazu gezwungen worden.

Ihr Ursprung liegt im mittleren bis späteren Steinzeitalter, ungefähr 25 000 Jahre zurück. Zahlreiche Höhlen- und Felsmalereien zeigen noch heute ihre Geschichte. Man findet solche von Ägypten bis zum südlichen Kap, häufig leider verblichen oder mutwillig zerstört. Die sog. Buschmannkunst findet man zwischen Simbabwe-Rhodesien und dem Kapland. Mehrfarbige und bewegte Kompositionen vor allem um die Drakensberge. Bei allen Funden zwischen Simbabwe und Südafrika fehlen Darstellungen, die künstlerisch unentwickelt die Anfangsstadien dieser Kunst zeigen. Man kann daher nicht ausschließen, daß diese Kunst „importiert" wurde und mögliche Zusammenhänge zwischen der Buschmannkunst und den nordafrikanischen wie auch den Höhlenmalereien in Frankreich und Spanien sind noch ungeklärt. Erst Ende des letzten Jahrhunderts wurden die Buschmänner durch zahlreiche Invasionen von Hottentotten, Bantus und Europäern umgebracht oder aus ihren bis dahin innegehabten Jagdgründen vertrieben, sie wurden gezwungen, in Territorien zu ziehen, in denen niemand leben wollte: in die Wüste. Nur ihr zäher und unbeugsamer Wille, lieber dort zu leben, als sich mit anderen Rassen zu vermischen, hat sie bis heute überleben lassen.

Doch Isolation und Klima brachte ihnen schwer überwindbare Schwierigkeiten und zwang sie in Hungersnöten, zu Viehräubern zu werden. Ein befreundeter weißer Farmer aus dem Distrikt Dutjiwarongo in Südwestafrika erzählte mir, daß er als Junge noch mit seinem Vater auf Buschmannjagd gegangen sei. Bei Rinder- oder Schafdiebstahl hätten sie die Buschmänner verfolgt und abgeschossen wie Wild. Doch oftmals war das keine einfache Angelegenheit. Die Buschmänner waren selbst geübte Jäger, sie kannten alle Schliche und jeden Pfad, waren durchtrieben und listig und gingen nicht selten als Sieger hervor.

Heute findet man die wenigen überlebenden Buschmänner in der Kalahari, in Südwestafrika und Botswana, Angola, und vereinzelt in Simbabwe und Osttransvaal. Doch als Jägervolk — die Männer gehen auf Jagd, die Frauen sammeln Wurzeln und Knollen sowie mancherlei Kleintiere — sind sie auch dort dem Untergang geweiht. Sie brauchen einen großen Raum für ihre Jagd, wie sie es Jahrtausende gewohnt waren. Doch heute werden sie aus allen Richtungen bedrängt und eingeengt. Sie können sich kaum wehren, weil sie zahlenmäßig ihren Feinden unterlegen sind. Und Feind ist jeder, der nicht Buschmann ist: Schwarze, Braune und Weiße; Kolonisten und Kaffern, Bechuanas und Hottentotten und Einwanderer aus anderen Ländern. Im Zug der europäischen Zivilisierung sind in Afrika zahlreiche Kulturen untergegangen. Die Menschen überlebten zwar und lernten Akkerbau und Viehzucht, aber ihre Sprache und ihre Sitten gingen verloren. Nur der Buschmann blieb.

Es ist nicht einfach, mit Buschmännern in der Wildnis Kontakt zu bekommen. Lange bevor man sich ihren Hütten nähert, haben sie die Ankömmlinge erspäht, und wenn man nicht mit einem Giftpfeil empfangen werden möchte, muß man sich vorher ankündigen. Sie haben sehr scharfe Augen, und es wird behauptet, daß sie die Mondkrater lange vor der Erfindung des Fernrohrs entdeckt hätten und die vier Monde des Jupiter mit bloßem Auge wahrnehmen können. Ihr Gehör ist so ausgeprägt, daß sie ein einmotoriges Flugzeug aus 100 km Entfernung hören. Als ich auf einer Reise durch Botswana zum erstenmal einem Buschmann gegenüberstand, war ich so aufgeregt wie er. Wir beäugten uns, als seien wir von verschiedenen Planeten. Ich hätte gern gewußt, was er von mir hielt.

Nicht größer als ein Zwerg mit breiten, kräftigen Schultern und winzigen, gutgestalteten Händen und Füßen stand er vor mir. Eine Kindergestalt mit einem uralten Kopf. Seine dunkelbraunen Schlitzaugen schienen mich aus ihren tiefen Höhlen zu durchdringen. Seine Haut war gelb und sie hatte unzählige Falten, die wie in Schichten übereinanderlagen. Und wenn er lachte, wurde sein Gesicht zu einem feinen Kreuzstichmuster. Über der Schulter trug er ein Fell, das außer einem Gürtelschurz seine einzige Bekleidung war, das „kaross", das tagsüber als Bekleidung und nachts als Decke dient. Wie ich später erfuhr, haben Messungen ergeben, daß in kalten Winternächten die Temperatur unter so einem Fellmantel nahezu ideal für den ruhenden menschlichen Körper ist, nämlich 26°- Celsius.

Von diesem Tag an wurden Gebiete, in denen heute Buschmänner leben, für mich zu magischen Anziehungspunkten. Während meiner zwölf Afrikajahre begann ich mich mehr und mehr mit diesen ältesten Bewohnern des Kontinents zu beschäftigen: mit ihren Sitten und Bräuchen, Aktivitäten, Gedanken, ihren Freuden und Nöten, Glauben und Aberglauben, ihren giftigen Pfeilen und fremdartigen Tänzen, ihrer Sprache mit den merkwürdigen Klicktönen, mit ihrem Leben; vor allem aber mit der Welt ihrer mündlich überlieferten Märchen — Mythen, Legenden und Tierfabeln — und deren Bedeutung.

So primitiv die Buschmänner erscheinen mögen, haben sie doch starke, echte künstlerische Begabung. Im ganzen südlichen Afrika sind Felsgravierungen und mehrfarbige Wandmalereien voller Leuchtkraft und sprühendem Leben zu finden. Sie zeigen eine fast ausgestorbene Tierwelt, und als immer wiederkehrendes Motiv die Schlange als Symbol für Wolken, Regen oder Flüsse. Höhlen wurden oft nach ihren Zeichnungen benannt: Höhle des Löwen, der giftigen Schlange, der Elandantilope. Die Bilder haben nicht nur mythologische oder historische Bedeutung; sie sollen auch das tägliche Leben widerspiegeln. Einige Künstler wollten Macht über die Tiere gewinnen, andere hatten einfach Freude an der Malerei. Farben gab es in mehreren Schattierungen: Rot, Gelb, Blau, Weiß und Braun. Kalk wurde mit Steinen gemischt und mit Fett aufgekocht, so gewann man Wachskreide. Für die Außenumrisse benutzte man angekohlte Stöcke.

Von malenden Buschmännern erzählt man sich, daß sie ausgelassene

Burschen waren. Wenn sie eine Figur fertig hatten, und sie gefiel ihnen, sprangen sie auf, tanzten vor Freude über das gelungene Werk und feierten ihren Erfolg.

Die ältesten Felsbilder sind mehr als 20 000 Jahre alt, die jüngsten weniger als 100! Keine andere Kultur der Erde hat sich über einen so großen Zeitraum erhalten.

Die wohl berühmteste Buschmannzeichnung befindet sich in einer Höhle im Brandberg, im Nordwesten Südwestafrikas. Geschichtsforscher nehmen an, daß das Bild „weiße Dame" (white lady) in Beziehung mit ähnlichen Zeichnungen steht, die auf Kreta gefunden wurden. Sie soll eine Lichtgestalt sein, die mal männlich und mal weiblich auftritt, ein Symbol für den Sieg des Lebens über den Tod, für den Wandel von Werden und Vergehen.

Der eineinhalbstündige Marsch im Brandberg durch ein schmales Tal gleißender Steinwüste, das gegen den leisesten Windhauch durch steile Berge zu beiden Seiten geschützt ist, wird mir unvergeßlich bleiben. Wie kann ein Mensch in solcher menschenfeindlichen Umgebung existieren? Kein Weißer könnte hier überleben, und nur dem Buschmann scheint weder glühender Sand noch erbarmungslose Hitze etwas auszumachen.

Buschmänner sind fröhliche Menschen. Wenn die Frauen am Ende eines Tages genügend Beeren und Knollen gesammelt und die Männer Fleisch gebracht haben, dann genießen sie ihr Leben. Sie singen und tanzen, sie lieben und freuen sich, sie sind auf eine fast närrische Art ausgelassen. Es kann passieren, daß aus einem kurzen Gelegenheitstanz ein Fest für die ganze Sippe wird. Frauen schmücken sich mit teuren Muschelkappen, die sie durch Handel vom Indischen Ozean erstehen. Sie tragen Messing- und Kupferschmuck im Haar, Ketten aus aufgereihten Stücken von Straußeneierschalen und zahlreiche lederne Armbänder. Parfüm wird aus Blättern des Buku-Busches hergestellt, das für unsere Nasen stinkt; aber das stört sie nicht, denn ihr eigener Körpergeruch ist stärker. Als Schutz gegen Fliegen und Insekten wedeln sie mit einem Schakalschwanz.

Die ganze Sippe versammelt sich. Es wird erzählt, musiziert und getanzt, gegessen und getrunken. Es steht kein Zweck hinter einem solchen Fest, sondern es ist Ausdruck der Freude. Bis zum nächsten Morgen tanzen die

Männer den Elandtanz, Froschtanz und Affentanz. Sie tanzen sich in eine Art Trance hinein, und es wird behauptet, daß sie in diesem Zustand heilende Kräfte entwickeln können. Für ihre Frauen wird vorher Honig besorgt. Sie sitzen im Kreis, schlagen die Trommeln und stampfen den Rhythmus, klatschen und singen, und aufwirbelnder Staub überschüttet sie.

Selbsthergestellte Musikinstrumente erzeugen monotone, interessante Harmonien. Ein Buschmannklavier aus flachem Holz und plattgeklopftem Draht mit mehreren Tasten wird von verschiedenen Schlaginstrumenten, Harfen und einem Musikbogen begleitet, der wie ein Jagdbogen aussieht.

Manchmal geht es ruhig zu, und die Buschmänner erzählen sich am Abend die Geschichten ihrer Ahnen. Ihre Märchen werden in einem monotonen Sing-Sang vorgebracht und endlos wiederholt. Dabei versammelt nicht etwa die Großmutter nach europäischer Art ihre Enkelkinder um sich, sondern die ganze Sippe findet sich zusammen und lauscht.

Buschmannmärchen sind im europäischen Sinne nicht „moralisch“ oder religiös. Es steckt keine Romantik oder Sentimalität in ihnen, und in der Buschmann-Mythologie ist kein solches System wie bei den alten Griechen zu erkennen. Es sind „Geschichten, die unsere Väter erzählt haben“. Sie berichten von einer „heilen Welt“, in der Menschen noch nicht ausgerottet wurden und von Tieren, die nicht nur als lebensnotwendige Beute angesehen wurden. Ihre Mythen erzählen von übernatürlichen Gestalten oder Geschehnissen, von ihren Göttern oder Helden oder den Phänomenen der Natur. Es wird von dem „Großen Buschmann“ gesprochen, dem Ur-Buschmann, dem Schöpfer. (Siehe: „Der vollkommene Tod“, „Die stinkende Hyäne“)

Eine wichtige Figur der Buschmann-Mythen ist die Gottesanbeterin, Mantis religiosis. Sie besitzt übernatürliche Fähigkeiten und kann zaubern und verwandeln (Siehe: „Von den Streichen des großen Zauberers“). Sie wird nicht angebetet und geachtet, sondern eher gefürchtet und abergläubisch akzeptiert. Nur die himmlischen Mächte werden bewundert, obwohl man selbst mit ihnen Ärger hat und deshalb versucht, in freundschaftlicher Beziehung zu ihnen zu stehen. Die Sonne wird als natürliches Phänomen anerkannt, doch selten erwähnt (Siehe: „Sonne und Mond“). Der Mond, ein Kind der Sonne, ist allmächtig und besitzt alle Eigenschaften der Gottesanbeterin. Er ist verantwortlich für das Wetter und nimmt damit großen Einfluß auf das Leben der Buschmänner. Man darf ihn nicht herausfordern! (Siehe: „Sonne und Mond“, „Warum der Mond am Himmel wohnt“, „Mondtränen“).

Die Entstehung der Sterne kennt viele Varianten. Ein Buschmannmädchen soll Streit mit ihrer Mutter gehabt haben und so wütend geworden sein, daß sie das Fleisch, das sie gerade rösten wollte, in die Asche warf. Funken stoben in den Himmel und wurden zu Sternen. Seitdem haben alle Mädchen Angst vor Sternschnuppen, denn sie könnten Rache bringen (Siehe: „Milchstraße“).

Auch der Regen wird teils gefürchtet, teils mit Freude begrüßt. (Siehe: „Das Lied des Zauberregens“). Regen bedeutet Gras, das Wild anlockt, das Jagen ermöglicht, das Hunger stillt. Keiner Frau ist es erlaubt, bei Regen umherzulaufen, denn wenn sie ein Gewitter überraschte, würde sie getötet werden. Sie wendet Blitze und Donner aus der Ferne ab, indem sie sie anstarrt, denn ihre Augen flammen wie sie. Darum fürchtet der Regen die Frau, darum flieht er so schnell über sie hinweg und tötet sie nicht, denn er hat Angst vor ihr.

Es gibt Zeiten, in denen Mädchen vom Regen fortgetragen werden, wenn er sie bestrafen will. Er bringt sie zum Wasser, Regenblitze töten sie und verwandeln sie in Sterne. Oder sie wachsen zu Blumen. Wenn Menschen diese Blumen pflücken wollen, verschwinden sie im Wasser, denn sie sind nur scheinbare Blumen und in Wirklichkeit Wasserkinder. Darum soll man sie nicht berühren (Siehe: „Die Wasserkinder“).

Alle Buschmänner tragen den Wind in sich. Wenn sie sterben, wirbelt er Staub auf, um ihre Fußspuren auf der Erde für immer zu verwischen.

Amüsant sind die Tierfabeln, in denen sich gleiche Motive variantenreich wiederholen. Es geht um Lüge und Betrug, Schläue und Zank. (Siehe: „Das betrogene Warzenschwein“). Das größte Vergnügen bereitet die List des Schlaubergers, der am Ende ohne Sentimentalität gründlich Schiffbruch erleidet. („Der selbstsüchtige Löwe“). Der faule Held drückt sich geschickt vor der Arbeit und stiehlt die Ernte des Fleißigen. Immer wird der große Starke vom kleinen Listigen übers Ohr gehauen (Siehe: „Der Löwe im Baum“). Fabeln um Wettlaufen, Wettessen, Wettwerfen, Wettziehen sind eine immer wiederkehrende Parallele zu unserem „Hase und Igel“.

Dann gibt es zahlreiche anschauliche Legenden (Siehe: „Die listige Alte“, „Die Löwin und die Kinder“, „Die Buschmannfrauen und der Vogel Strauß“). z. B. von dem Mann, den der Löwe frißt und der dafür ausgelacht wird. Wie kann man so dumm sein, allein ins Feld zu gehen und dort einzuschlafen?

Oder von dem Mädchen, das völlig zurückgezogen leben muß. Denn wenn sie einen Mann auch nur anschaut, würde er sich in einen sprechenden Baum verwandeln.

Oder von den Buschmannfrauen, die sich sorgen, weil ihre Männer von der Jagd nicht zurückgekehrt sind. Sie schicken Krähen aus, um sie zu suchen und schmieren ihnen als Proviant Fett um den Hals. Daher sollen die Krähen bis heute einen weißen Kragen haben!

Diese Themen werden in endlosen Variationen wiederholt. Niemand scheint ihrer müde zu werden. Gesang und Sprache der Buschmänner ist von merkwürdigen Lauten durchsetzt: sie „klicken“. Zahlreiche Tierlaute werden nachgeahmt, z. B. das Schmatzen der Schildkröte oder das Zischen des Schakals. Sie sprechen mit ihrer ganzen Zunge, nicht wie wir mit der Zungenspitze.

Buschmännnr können weder lesen noch schreiben, und ihr Zählvermögen reicht gerade bis zwei. Wenn sie größere Zahlen ausdrücken wollen so setzen sie zusammen: drei ist zwei und eins, fünf ist zwei und zwei und eins und zehn ist zwei und zwei und zwei und zwei und zwei. Man stelle sich vor, wie mühsam das werden kann!

Buschmänner haben „Ahnungen“. Sie fühlen in ihrem Körper, daß bestimmte Ereignisse geschehen werden. Ein inneres Klopfen gibt ihnen klare Anweisungen, welchen Pfeil sie am nächsten Tag benutzen müssen, was sie tun dürfen, und was sie lassen sollten. Dieses Klopfen nennen sie „Briefe“, die Botschaften enthalten und vermitteln, was an einem andren Ort geschieht. Sobald sie ein Pochen hören, halten sie in ihrer Arbeit ein und horchen: „Ahnung ist Wahrheit, Träume sind Lügen!“ Sie hören ein Klopfen, wenn Leute kommen, spüren deren Lastriemen, der ins Fleisch schneidet, sie fühlen die Körperwunden eines Näherkommenden, der eine Verletzung erlitten hat. Sie spüren ein zartes Klopfen an den Rippen und wissen, daß der Springbock in der Nähe ist, dessen Haar an der Flanke kitzelt.

Buschmänner leben in Gruppen, die nicht miteinander verwandt sein müssen. Sie wohnen in Gegenden ohne Bäume, ohne Wasser, abgeschieden von allem, wild und unfreundlich. Als junge Menschen sind sie hübsch, die Mädchen oft so schön gebaut, daß sie Modell stehen könnten. Doch schon mit 16 Jahren werden sie mager und runzlig, ihr Fleisch schrumpft, ihre Haut wird trocken und ihre Knochen treten heraus. Nur ihre enormen Pobacken bleiben glatt und voll. Sie sind nicht nur Fettspeicher für Hunger- und Durstzeiten, sondern sexuelle Attraktion.

Sich mit Wasser zu waschen, wäre für den Buschmann eine unentschuldbare Verschwendung. Ersatz dafür ist Urin. Genügend vorhanden und antiseptisch, „wäscht“ er sich vor jeder Mahlzeit die Hände damit. Urin wird auch als Kühlung für die heiße Jahreszeit benutzt, indem man Sand befeuchtet und sich damit zudeckt. Fliegen und Insekten stören weniger. Zum Reinigen rubbeln sie sich mit Dung ab und scheinen deshalb immer eine dicke Dreckschicht auf ihrem Leib zu tragen. Nur gelegentlich reiben sie sich mit Öl oder Tierfett ein, schmieren rote Erde auf ihre Haut und wollen heller wirken; das bringt ihnen die gelbliche Farbe ein. Man könnte sie für einen Weißen mit Gelbsucht halten. Buschmänner haben rotgefärbte, gekräuselte Haare und schöne Zähne, die nie erkranken, sondern nur abgenutzt werden.

Wasser ist in dieser fast wasserlosen Gegend von größter Wichtigkeit. Buschmänner haben einen sechsten Sinn für unterirdische Quellen. Sie stecken hohle Stöcke in den Sand und saugen, oder sie machen wilde Melonen ausfindig, die „tsammas“, sowie Wüstengurken oder Feldzwiebeln, die alle stark wasserhaltig sind. Während der Hungerzeiten sind diese Früchte oft monatelang ihre einzige Nahrung, und sie achten gewissenhaft darauf, immer einige in der Erde zu lassen, damit sie neu wachsen können und ihnen ein anderes Mal wieder zur Verfügung stehen. Ihre Detailkenntnisse aller Wüsten- und Buschpflanzen sind sehr hoch.

Wenn sie es vermeiden können, bauen Buschmänner keine Hütten. Eine Sippe von durchschnittlich 80 Angehörigen zieht überhängende Felsen zum Schlafen vor. Notfalls suchen sie sich zusammenstehende Büsche, binden sie oben zusammen und legen Gras als Schutz gegen Regen und

Sonne darauf (Siehe: „Der Buschmann und der Specht"). Innen sieht es aus wie im Nest des Vogels Strauß: eine Mulde in der Erde, die mit Gras bedeckt ist. Daher stammt auch der Name dieser Menschen — der Mann, der im Busch schläft.

Für ihre Wanderungen kennen Buschmänner weder Lasttiere noch Karren. Die Frauen tragen den Haushalt: Früchte und Knollen, Feuerholz, Straußeneierschalen, Gefäße aus Früchten oder Holz, Tiergeweihe als Küchenutensilien und Häute. Die Männer tragen ihre Waffen.

Die Jagd ist Hauptlebensinhalt für sie. Alle Felszeichnungen, alle Märchen erzählen davon. Durch ihre tierähnlichen Instinkte und ihr ausgeprägtes Hör- und Sehvermögen sind sie dafür prädestiniert; hinzu kommt ihre ungewöhnliche Ausdauer. Ein Buschmann soll drei Tage lang hintereinander bis zu 80 km täglich laufen können! Dabei gönnt er sich nur kurze Pausen während der Mittagshitze, wenn auch das Wild ruht. Er würde ein idealer Olympischer Marathonläufer sein.

Hauptwaffe ist Pfeil und Bogen. Obwohl winzig klein und unscheinbar, genügt doch oft schon ein Kratzer der vergifteten Pfeilspitze, um zu töten. Verschiedene Giftgrade werden aus Käferkokons, Schlangen oder Pflanzen erreicht. Manchmal braucht das Gift drei Tage, bis das Opfer tot ist. Es muß vom Jäger verfolgt werden und sollte es ihm nicht gelingen, das verletzte Tier aufzuspüren, so bricht großes Unglück über die Sippe herein. Die Waffe ist von hoher technischer Perfektion. Der traditionelle Pfeil besteht auch heute noch aus Knochen von Tieren, die schnell laufen können. Man glaubt, daß ihre Geschwindigkeit, und damit Treffsicherheit, sich auf die Waffe überträgt. Jeder Buschmann besitzt 60 – 70 Pfeile, und um sie nicht zu verwechseln, werden sie mit Wachs oder weißem Kürbissaft markiert. Eigentum wird freigebig verliehen. Man achtet jedoch gewissenhaft darauf, daß es zurückgegeben wird.

Für kleine Tiere werden ungiftige Pfeile benutzt, in der Hoffnung, daß sie sofort tödlich verwundet werden. Für Hyänen und Geparden gibt es gespitzte Stöcke, Speere und Keulen, nur der Leopard flößt Respekt ein und wird nach Möglichkeit nicht angegriffen. Wenn ein Tier verendet ist, sucht der Buschmann sich einen geeigneten Stein und schlägt ihn so hart aufeinander, daß eine scharfe Klinge abspringt (Siehe: „Von den Streichen des großen Zauberers"). An Ort und Stelle schneidet er das Tier auf und die Hoden ab, damit das Fleisch nicht bitter wird, und wirft die Klinge anschließend wieder fort. Beim nächsten Mal wird sich eine neue finden!

Es wird angenommen, daß der Buschmann Jagdpartner benutzt. Er spürt Wild auf und treibt es in Löwengebiet, läßt den Löwen das Wild reißen und fressen, bis er satt ist. Dann jagt er ihn fort und behält den Rest, der als größter Teil anzusehen ist, für sich.

In heißen Sommermonaten jagen Buschmänner nicht. Sie legen Fallen. Zwischen zwei Bergen wird z. B. eine Mauer aus Steinen und Astwerk mit kleinen Zwischenräumen als Durchlaß gezogen. Hinter jede Öffnung graben sie ein Loch, oben breit und unten schmal, so daß es keine Fluchtmöglichkeit gibt. Ein durchziehendes Tier muß hineinfallen, während der Buschmann auf der anderen Seite wartet und das zappelnde Opfer mit seinem vergifteten Assegai (Speer) durchbohrt.

Oder er stiehlt Straußeneier, bringt sie in Sicherheit, legt sich selbst mit seinem vergifteten Pfeil ins Nest und wartet auf die Rückkehr des Vogels Strauß. Oder der Buschmann zieht selbst eine Straußenhaut über, stopft Leib und Hals aus und hat so mit Pfeil und Bogen müheloses Spiel unter einer Wildherde.

Doch solche Erfolge sind selten. Viel häufiger ist der Buschmann dem Hungertod nahe, und seine Haut hängt in Falten an ihm herunter. Er sagt, das würde ihn vor dem Austrocknen retten, denn zwischen den Falten hält sich die Feuchtigkeit und die Sonne kann an diese Stellen nicht heran.

Sollte ein Jäger aber ein größeres Tier oder sogar mehrere erlegt haben, dann ißt und ißt er, bis er fast bewußtlos wird, schläft einen kurzen Verdauungsschlaf und beginnt von neuem zu essen. Innerhalb weniger Stunden wird seine Haut wieder glatt und glänzend. (Siehe: „Der Vielfraß"). Es gibt Hungersnot oder Festgelage.

Nichts wird verschwendet. Alles Fleisch, alle Innereien und der gesamte Kopf werden geröstet und gegessen, das Blut getrunken oder zu Pudding gekocht, Knochen zu Waffen, Äxten und Tabakpfeifen verarbeitet, die Haut dient zur Kleidung, das Knochenmark zum Erweichen der Felle, aus Sehnen wird Band hergestellt. In schlechten Zeiten wird sogar aus der Haut eine Suppe bereitet (Siehe: „Die Geier").

Durchschnittsbeute einer Sippe im Laufe eines Jahres:

	J	F	M	A	M	J	J	A	S	O	N	D	Summe
Giraffen	1												1
Kudus		1		1	1							1	4
Eland	2	1		1	3	1						1	9
Gemsbock	2	4	2	1		4	3	4				3	23
Kuhantilope			2	1	2	2	2	1				1	11
Gnu	1		3	2		2	2	1				1	12
Springbock	4	2	6	6	4	6	2	4				1	35
Ducker	5	4	3	7	2	3	1	2	12	10	12	4	65
Steinböckchen	3	4	3	6	8	2	4	2	8	10	15	3	68
Buschmannhase	30	24	28	30	26	22	20	4	3		8	32	227
Stachelschwein			1		1								2
Warzenschwein				1									1
Kapfuchs				4		3	1	3	2	1	4		18
Schakal			2			1	2	2	3	4			14
Nagetiere	20	30	30	30	40	20	20	15	15	15	30	30	295
Vögel	18	22	13	15	6	12	3	12	16	16	20	8	161
Schildkröten	90	90	80	40							50	90	440
Schlangen	6	3		8	10	8	2				6	4	47

Doch obwohl der Buschmann fast ausschließlich mit der Jagd beschäftigt ist, besteht seine Nahrung erstaunlicherweise nur zu etwa 40% aus Fleisch. Am erfolgreichsten jagt er Nagetiere, Hasen, Schildkröten und Vögel, dann Kleinwild, Fuchs und Schakal, Springbock, Kudu und Eland, ganz vereinzelt eine Giraffe oder sogar einen Elefanten. Schlangen, Termiten, Skorpione, Bienen und Ameisenlarven — auch Buschmannreis genannt — sind willkommene Nahrung. (Siehe: „Der Streit“). Nur die Hyäne nicht. Es gibt keinen Kannibalismus unter Buschmännern, und da die Hyäne Menschenfleisch frißt, ist ihr Fleisch verpönt (Siehe: „Die stinkende Hyäne“).

Fleisch unterliegt rituellen Tabus. Ein Jäger darf z.B. nicht jagen, wenn seine Frau ihre Periode hat. Oder Fleisch, das von einem Hund getötet wurde, darf weder von einer Frau gegessen werden, die menstruiert, noch von deren Mann.

Die Periode der Frau spielt überhaupt eine bedeutende Rolle. Ihr erster Eintritt ist der Höhepunkt ihres Lebens. Tagelange umständliche Riten müssen ohne jede Nahrung eingehalten werden, begleitet von endlosen Tänzen. Ihre Mutter baut eine winzige Hütte aus Buschwerk für sie. Sie wird hingeleitet, muß gebückt durch den Eingang hineinkriechen, und dann wird die Tür hinter ihr geschlossen. Sie sitzt in der Hütte, schaut auf den Boden und geht tagelang nicht aus. Sie darf keinen Springbock ansehen, sonst würde sie wild werden und müßte von der Sippe ausgestoßen werden. Erst wenn die Mutter sie nach einiger Zeit holt, um sie über ihre ausgestreckte Hand in die Ferne sehen zu lassen, gleicht sie den anderen Frauen und darf sich frei bewegen. Sie wird tätowiert und darf erst von jetzt an Großwild essen.

Sie bekommt eine eigene feste Aufgabe: früh aufzustehen, um Feuer anzuzünden, Essen zu bereiten und während des Tages eßbare Pflanzen zu suchen. Ein Feuer anzuzünden ist eine komplizierte Angelegenheit, die mir selbst erst nach vielen vergeblichen Versuchen gelang. Ein langer, harter Stock wird mit hoher Geschwindigkeit gegen ein kleines, weiches Stück Holz gewirbelt. Eine pudrige Masse fällt ab, die durch die schnelle Drehung zu schmoren beginnt und das darunterliegende trockene Gras zum Brennen bringt. Einem geübten Buschmannmädchen gelingt dieser Prozeß in zwei Minuten.

Für den jungen Buschmann ist die Einführung in die Jagd von gleich großer Bedeutung, und auch sie ist mit umständlichen Riten verbunden. Mit etwa 17 Jahren erhält er Pfeil und Bogen, darf aber selbst erst jagen, wenn er bewiesen hat, daß er schießen und treffen kann. Für ein Volk, das kaum eine längere Lebenserwartung als 45 Jahre hat, ist das spät. Bis zu dem Zeitpunkt muß er täglich die Gewohnheiten des Wildes im Busch studieren, es beschleichen lernen und den Pfeil haargenau placieren können. Es heißt: „Da wir wünschen, daß unsere Beute stirbt, müssen wir dem Wild Beachtung schenken."

Nach seinem ersten Jagderfolg darf der junge Buschmann nicht sofort von seiner Beute essen. Er muß sich zurückziehen und fasten, und nachts wird sich sein Vater sogar zu ihm legen, um zu prüfen, daß er die Gesetze nicht übertritt. Erst am nächsten Tag, wenn alle älteren Männer gegessen haben, bekommt auch er ein Stück Fleisch. Erst jetzt ist er anerkannt. Je größer seine erste Beute ist, desto größer ist auch sein Ansehen. Diese Einstufung kann er später nur schwer verbessern.

Junge Kalahari-Buschmänner werden im Alter von 12 Jahren mit einem Steinmesser beschnitten, den Mädchen die Klitories perforiert. Früher wurde außerdem der kleine Finger abgehackt, der linke bei männlichen, der rechte bei weiblichen Buschmännern. Als zusätzliches Zeichen der Männlichkeit galt ein durchstochener Nasenflügel. Heute ist man von diesen Gewohnheiten abgegangen und ersetzt sie durch kleine Tätowierungen.

Buschmänner heiraten nicht in unserem Sinne. Sie treffen sich, paaren sich und ziehen zusammen. Der Vater des Mädchens bekommt ein Stück Fleisch, die Frau das Herzblut eines Jagdopfers. (Siehe: „Der ungetreue Buschmann"). Die Zeremonie ist simpel im Vergleich zu der Bedeutung, die der Heirat oder des Zusammenlebens beigemessen wird. Generell sind Buschmänner monogam, nur die stärksten unter ihnen können sich einen zweiten Ehepartner leisten. Das gilt sowohl für den Mann als auch die Frau. Schlampigkeit bei der Haushaltsführung oder mangelnder Jagderfolg kann zu einer weiteren Ehe berechtigen, wobei der erste Partner allerdings immer die größeren Rechte behält. Doch auch bei Buschmännern bringt eine solche Situation Konflikte mit sich, und so mancher Mann erhält irgendwann einen Speer zwischen die Rippen. („Der ungetreue Buschmann")

Untreue ist keine Seltenheit, aber es gehört Geschicklichkeit dazu. Jedes Lager wird morgens routinemäßig sorgfältig nach Spuren wilder Tiere abgesucht. Eine menschliche Spur von einem Teil des Lagers zum anderen würde Aufsehen erregen und der Sünder sofort entlarvt werden.

Buschmänner heiraten niemals ihre eigenen Töchter, Schwestern oder Cousinen. Sie können schon vor ihrer Pubertät heiraten, dürfen aber bis zur ersten Menstruation des Mädchens noch nicht zusammenleben.

Eine Sippe besitzt keine Regierung, keinen Chef, es gibt keinen einzelnen Buschmann, der Autorität über alle hat. Der Kräftigste und Erfolgreichste gibt den Ton, und alle versuchen, wie er zu sein — bis ein Neuer kommt, der besser ist. Es gibt keine Stammesgesetze, denn die Mitglieder sind nur zufällig zusammengewürfelt und gehen häufig wieder auseinander. Eine Sippe hat nie mehr als 100 Angehörige, eine Familie selten mehr als drei Kinder. Die äußeren Umstände zwingen sie zu dieser Beschränkung, denn jedes Terrain ist scharf abgegrenzt, und eine größere Gemeinschaft würde nicht ernährt werden können. Ein reicher Mann ist z. B. nicht der, der irdische Güter besitzt, sondern der ein erfolgreicher Jäger ist. Als Ausdruck höchsten Respekts gilt die Bezeichnung „Großvater“.

Der größte Nachteil für Buschmänner ist zweifellos ihre Unfähigkeit, für die Zukunft zu planen. Es ist ihnen unmöglich, Nahrung für magere Zeiten aufzubewahren oder Vieh zu halten. Sie können allenfalls mit Wasser gefüllte Straußeneierschalen entlang einer Jagdroute organisieren.

Gegen Krankheiten scheinen sie immun zu sein. Doch sollten sie trotzdem einmal krank werden und überleben, fühlen sie sich hinterher besonders gestärkt und werden älter als der Durchschnittsbuschmann. Kinder werden auf sehr natürliche Art geboren. Die Mutter wird von älteren Frauen zu einem schattigen Platz hinter einem Baum geführt, in dessen Krone große Grasbüschel als Zeichen dafür geworfen werden, daß eine Geburt vor sich geht. Während der Wehen führen die älteren Männer einen Tanz auf, doch zur Zeit der Niederkunft ist die Frau allein. Sie bringt ihr Kind knieend auf einem Graslager zur Welt und durchtrennt seine Nabelschnur mit einem angespitzten Stock. Danach wird das Baby „gereinigt“: man rubbelt es mit dem Nest des Webervogels ab, das mit wasserhaltigen Wurzeln befeuchtet wurde. Zwillinge haben keine Lebenschance. Das

Zweitgeborene wird lebendig begraben. Auch Verkrüppelte oder Kinder, deren Mutter bei der Geburt gestorben ist, sowie Neugeborene, die einen Bruder oder eine Schwester haben, die noch nicht von der Brust entwöhnt sind, haben das gleiche Los. Die Anforderungen an das Buschleben sind hart, und nur von Geburt an gesunde und kräftige Menschen können es durchstehen. So hat es der Erste Große Buschmann angeordnet.

Wenn eine Frau während einer Wanderschaft Wehen bekommt, so wird ihretwegen nicht etwa angehalten. Sie muß sich hinter einen Busch verkriechen, die Geburt so schnell wie möglich hinter sich bringen und mit dem neugeborenen Baby versuchen, die anderen wieder einzuholen!

Zum Thema Tod gibt es zahlreiche Varianten und verschiedene Glaubensrichtungen.

„Der Mond schickte die Schildkröte aus zu verkünden: — Wenn ich sterbe, werde ich wiedergeboren; so auch ihr! — Auf dem langen Weg zur Erde vergaß die Schildkröte ihren Auftrag und kehrte wieder um, noch einmal nachzufragen. Aber der Mond war ungeduldig und schickte den Hasen, der schneller sein würde. Der Hase verwechselte die Botschaft und verkündete: — Wenn ihr sterbt, wird es für immer sein!" — Als die Schildkröte dazukam und das Gegenteil behauptete, waren die Menschen verwirrt und schickten nun ihrerseits einen Boten zum Mond. Doch der hatte inzwischen die Botschaft vom Hasen ausgeführt, die er zuerst verkündet hatte. Seit dem Tag sterben die Menschen wirklich. (Siehe: „Der vollkommene Tod").

Grundsätzlich glauben Buschmänner an ein Leben nach dem Tode. Tod scheint für sie nicht natürlich zu sein, weil sie keine Krankheiten kennen. Entweder stirbt man durch magische Kräfte oder durch den Einfluß einer feindlichen Macht. Für Leichen gibt es unterschiedliche Plätze: ein Busch, ein Ameisenbärloch, Termitenhügel, manchmal Felshöhlen, die mit schützenden Steinen gegen Feinde abgedichtet werden. Männer bekommen Waffen, Fleisch und Wasser als Totengabe, Frauen Straußeneierschalen, Beeren und Fleisch. Die Hinterbliebenen weinen laut und bemalen sich als Zeichen der Trauer mit schwarzweißen Streifen. Sie verlassen die Grabstätte und gehen nie wieder in ihre Nähe, denn der Geist des Toten könnte sich dort aufhalten und darf nicht verärgert werden.

Wenn ein Buschmann einen anderen erschießt, schneidet er das vergiftete Stück Fleisch mit dem Pfeil heraus. Obwohl der Körper physisch tot ist, zuckt er noch, denn er ist noch beseelt. „Das Fleisch fühlt, daß es lebt, solange es warm ist". Erst wenn es erkaltet, stirbt es wirklich, denn dann verläßt die Seele den Körper. Sie unternimmt eine lange Reise zu dem Platz, wo die Vorfahren leben. Niemand weiß, wo das ist, aber es wird warm dort sein, und es wird so viel Wild dort geben, daß man nie mehr Hunger leiden muß.

Der Buschmann weiß um den Unterschied zwischen Körper und Seele. Der eigene Schatten könnte die Seele sein, die ihn in seinen Träumen anspricht. Deswegen hat er Angst vor Träumen und nimmt an, daß sie von Feinden beeinflußt werden. Er glaubt an verschiedene Existenzstadien des Menschen und an die Wanderung ihrer Seele. (Siehe: „Das Tier", „Die Wiedergeburt", „Das Auge").

Wenn ein Buschmann gestorben ist, gibt ein Stern die Todesnachricht bekannt. Er erkennt, daß „ein Herz gesunken ist", und so sinkt auch er. Er beauftragt den Hammervogel, der sonst nur an Teichen und Flüssen lebt, die Neuigkeit zu melden. Die Menschen jagen ihn fort. Sie wissen, daß er eine Todesnachricht trägt und wollen ihn vertreiben. Doch bald darauf werden auch sie den gesunkenen Stern sehen.

Buschmänner lesen die Zukunft. Sie benutzen Wildknochen dazu, die mit Medizin eingerieben werden. Frauen blasen mit den Lippen über sie hinweg, drehen sie um und werfen sie in hohem Bogen auf die Erde. Festgelegte Gesetze bewerten sie nach ihrer Lage zueinander. Diese Knochen haben große Bedeutung. Sie werden häufig befragt, und wenn sie eine schlechte Auskunft geben, werden alle gefaßten Pläne geändert.

Mir selbst wurden in Botswana die Knochen geworfen: Laut Buschmannorakel kann ich recht zuversichtlich in die Zukunft sehen!

Die Zukunft des Buschmanns sieht allerdings nicht rosig aus. In den kommenden Jahren wird er sich den Menschen des 20. Jahrhunderts anpassen müssen oder aussterben.

„Das Feuer, das in deiner Brust brennt, brennt nur für dich allein. Andere haben vielleicht Mitleid mit deinen Schmerzen, aber sie können sie nicht empfinden wie du. Wenn du die Flamme nicht fütterst, so wird sie dir nicht so sehr wehtun!"

(Eine Buschmann-Weisheit)